Ma voiture,
à mo[i]

Lisa Ray Turner et [Blaine Ray]

Adaptation française de
Monique Gregory

Deuxième niveau - Livre A
la première nouvelle dans une série de quatre pour
lycéens de deuxième ou troisième année

Blaine Ray Workshops
8411 Nairn Road
Eagle Mountain, UT 84005
Local phone: (801) 789-7743
Tollfree phone: (888) 373-1920
Tollfree fax: (888) RAY-TPRS (729-8777)
E-mail: BlaineRay@aol.com
www.BlaineRayTPRS.com

et

Command Performance Language Institute
28 Hopkins Court
Berkeley, CA 94706-2512
U.S.A.
Tel: 510-524-1191
Fax: 510-527-9880
E-mail: info@cpli.net
www.cpli.net

Ma voiture, à moi
is published by:

Blaine Ray Workshops,
which features TPR
Storytelling products
and related materials.

&

Command Performance Language Institute,
which features
Total Physical Response
products
and other fine products
related to language
acquisition
and teaching.

To obtain copies of *Ma voiture, à moi*,
contact one of the distributors listed on the
final page or Blaine Ray Workshops, whose
contact information is on the title page.

Vocabulary by Becca Poccia and Contee Seely

Cover art by Pol (www.polanimation.com)

First edition published August, 2004
Fifth printing May, 2010

Printed in the U.S.A. on acid-free paper with soy-based ink.

ISBN-10: 0-929724-90-9
ISBN-13: 978-0-929724-90-4

Chapitre un

Aujourd'hui c'est l'anniversaire de Ben Sullivan. Ben a 17 ans. Il sait ce qu'il veut pour son anniversaire. Il veut une voiture. Il veut avoir sa propre voiture.

Ben Sullivan n'a pas de voiture. Il a plein de choses, mais il n'a pas de voiture. Il veut avoir sa voiture à lui.

Il habite une grande maison à San José, en Californie. C'est une maison avec une piscine et de nombreuses chambres. Il porte toujours de beaux vêtements neufs. Ben est un très beau garçon et sa petite amie est très jolie. Il joue dans l'équipe de basket-ball de son école.

Sa petite amie s'appelle Mindy. Elle est très populaire à l'école. Ils sont tous deux de bons élèves. Ils ne sont pas les meilleurs, mais ils sont de très bons élèves.

Il y a une seule chose que Ben voudrait et qu'il n'a pas. Il n'a pas de voiture. C'est l'horreur ! Quand il va quelque part, il doit y aller dans la voiture de ses parents ou de ses amis.

Parfois, il va au lycée à pied parce qu'il n'a pas de voiture. Et son lycée se trouve à un peu plus d'un kilomètre de sa maison.

La seule chose dont il a envie est une voiture. Il a besoin d'avoir sa propre voiture. Il ne veut pas conduire la voiture de sa mère. C'est ridicule. Il a très honte parce que la voiture de sa mère est très grande. C'est une voiture familiale. Ce n'est pas une voiture pour un jeune. C'est un break* et Ben ne l'aime pas. Il voudrait avoir une voiture de sport.

Ben pense qu'une voiture serait le cadeau idéal pour son anniversaire. Tous les amis de Ben ont leur propre voiture, alors il pense qu'il a besoin de sa propre voiture aussi. Son ami Steve a une Ford Mustang. Alex a une Toyota Camry. Et John a beaucoup de chance, il a une BMW.

Tous les élèves populaires du lycée ont une voiture. Ben va à une école privée. Dans cette école, les étudiants qui conduisent la voiture de leurs parents ne sont pas très populaires. Certains ne conduisent même pas de voiture.

*station wagon

Ils vont au lycée à vélo. Ben pense que ce n'est pas normal qu'il n'ait pas sa propre voiture comme les autres étudiants populaires. Pour Ben, avoir une voiture est plus qu'une nécessité. Il est grand temps qu'il ait sa voiture.

Ce soir, il va dîner à un restaurant très élégant avec ses parents. Il ne veut pas aller avec eux, mais il pense que ses parents vont lui offrir quelque chose pour son anniversaire. Il croit qu'ils vont lui donner la clef d'une voiture neuve.

Que pourrait bien être, cette voiture ? Peut-être une voiture de sport. Une voiture bleue et très puissante. Peut-être une Jeep pour pouvoir conduire dans les montagnes. Peut-être une petite Volkswagen pour aller à la plage.

La marque de la voiture lui est égale. Il veut seulement une voiture. Une bonne voiture. Une voiture neuve. Peu lui importe la couleur. Mais il ne veut pas d'un break ou d'une voiture familiale. Il veut une voiture comme celle des autres élèves de son lycée.

« Ben es-tu prêt pour aller dîner ? » lui demande sa mère.

La mère est dans le bureau. Elle travaille

sur l'ordinateur de la famille. Elle vend des maisons. C'est un des meilleurs agents immobiliers de San José.

« Oui maman, je suis prêt », dit Ben à sa mère.

Ben est en train d'écrire un message à une amie sur son ordinateur.

« Ton père vient d'arriver, nous allons donc sortir dans peu de temps, répond la mère de Ben. Nous allons à ton restaurant préféré. »

Ben est très content parce qu'ils vont à un très bon restaurant. Il aime manger de la viande et des pommes de terre. Dans ce restaurant, on sert aussi de la glace et des pâtisseries pour le dessert. Il adore ça. La famille de Ben mange souvent au restaurant parce qu'il n'y a ni frère ni sœur dans la famille. Ben est fils unique. Et comme les deux parents travaillent, ils n'ont pas le temps de préparer un repas après avoir travaillé toute la journée.

Quand ils entrent dans le restaurant, une serveuse les accueille. Toutes les serveuses connaissent la famille de Ben parce qu'ils viennent souvent à ce restaurant et qu'ils leur donnent toujours un bon pourboire.

« Ben, nous avons une grande surprise pour toi ce soir. Nous savons que c'est ton anniversaire et nous voulons te donner ta surprise ce soir, lui dit sa mère.

— C'est super ! » lui dit Ben.

Ben est très content parce qu'il pense qu'il va enfin avoir sa propre auto. Il sait qu'il va l'avoir maintenant. Il regarde sa mère. Elle a un beau sourire. Bien sûr, elle est très contente.

« Ton anniversaire est un jour très spécial, lui dit sa mère.

— Bien sûr maman », lui répond Ben.

Ben se lève et marche vers la fenêtre. Il regarde dehors. Y a-t-il une voiture neuve dehors ? Où est la voiture neuve ?

Ben a faim. Il retourne à table. Il pourra voir sa voiture plus tard. Maintenant, il veut seulement manger. Il pourra conduire la voiture après avoir mangé avec sa famille.

La famille est à sa place préférée dans le restaurant. On leur donne toujours la même table. La table se trouve dans un coin du restaurant. Elle est un peu plus éloignée des autres tables. C'est tranquille. Ils peuvent parler sans entendre la conversation des autres clients. Ben pense : « Quand j'aurai ma voiture, je viendrai à ce restaurant. J'y viendrai dans ma nouvelle voiture. J'aime beaucoup ce restaurant. » Mais d'abord, il faut qu'il mange.

« Ben. Nous sommes très fiers de toi, lui dit sa mère. Tu as déjà 17 ans. C'est incroyable ! Le temps passe si vite. »

Ben pense que sa mère fait parfois des remarques un peu stupides. Il ne sait pas pourquoi. Il sait seulement que parfois, elle fait des remarques un peu stupides

« Oui, mon fils nous sommes très fiers de toi », lui répète son père d'un ton très sérieux.

Toute la famille commande de la viande de bœuf. Ils commandent des biftecks. Ben adore le bifteck. Il aime manger. Il mange beaucoup, surtout quand il est dans un restaurant élégant. Tous les matins, il prend un petit-déjeuner copieux. À midi, au déjeuner, il mange une pizza ou un hamburger. Habituellement, il prend plaisir à manger. Mais ce soir, il veut manger plus vite. Il veut terminer son repas parce qu'il veut voir son cadeau d'anniversaire.

« J'aime beaucoup manger ici au Steak

Palace. C'est un très bon restaurant, leur dit le père.

– Oui. Moi aussi, je l'aime beaucoup. Je vous remercie », leur dit Ben.

Ben finit son repas en deux minutes. Il veut avoir son cadeau le plus vite possible. Il veut l'avoir maintenant.

« Je suis prêt pour le dessert. Comme c'est mon anniversaire aujourd'hui, je vais manger une glace, leur dit Ben.

– Tu es toujours prêt pour le dessert », lui répond sa mère.

La serveuse arrive et prend la commande du dessert. Monsieur Sullivan ne veut pas de dessert. Madame Sullivan ne veut pas de dessert non plus. Les deux font un régime et ne veulent pas grossir.

En une minute, la serveuse revient avec la glace. C'est une glace au chocolat avec de la crème Chantilly et une cerise rouge. Ben commence à manger avec plaisir. Il adore la glace au chocolat et la crème Chantilly. Ben termine et sa mère lui dit : « Ben, c'est le moment de t'offrir ton cadeau d'anniversaire. »

Ben regarde ses parents. Il est très nerveux. De quelle marque est la voiture ? Il ne peut plus attendre.

« Ben nous t'avons acheté un cadeau très spécial cette année, lui dit la mère.

– Oui. C'est un cadeau très spécial, lui dit son père. C'est un cadeau qui va changer ta vie. C'est un cadeau incroyable. »

Une voiture changerait sa vie. Il va devenir plus populaire et avoir plus d'amis grâce à sa nouvelle voiture. Cela va changer sa vie énormément.

« C'est super ! leur dit Ben. Je suis ravi. Je ne peux attendre plus longtemps. »

Monsieur Sullivan sort quelque chose de sa chemise.

« Voilà, tu n'as plus besoin d'attendre. Joyeux anniversaire ! » lui dit Monsieur Sullivan.

Son père lui donne quelque chose. Ben est certain que c'est une clef de voiture. Il est très nerveux. C'est un beau cadeau. Ben ouvre le cadeau. Il sort du papier de son cadeau. Du papier ?

Ben regarde le papier. Ce n'est pas une clef, mais un billet d'avion.

Ben regarde sa mère. Elle a une expression de satisfaction sur le visage. Elle est contente.

« Ben, regarde. C'est un billet d'avion. Regarde-le ! » lui dit sa mère.

Ben est très surpris. Il ne veut pas regarder le billet. Il n'y a pas de clef. Il n'y a pas de voiture neuve. Il lui faudra encore aller partout à pied. Il ne veut pas d'un billet d'avion. Il veut seulement une voiture.

Ben s'arrête de penser à la voiture. Un billet d'avion ce n'est pas mal !

C'est probablement un voyage en Europe ou à Hawaii. C'est peut-être une croisière dans les Bahamas. Il pourrait passer du temps sur la plage, y amener du Coca-Cola et regarder les filles. Ce n'est pas mal. En fait, ça pourrait être intéressant.

Quand il regarde son billet, il voit que c'est un voyage à ….

« Haïti, mon fils, lui dit Monsieur Sullivan. Tu vas faire un voyage en Haïti. »

Haïti ! Haïti ! Ben ne sait même pas où se situe exactement Haïti. La seule chose qu'il sache est que ce n'est pas en Europe. Ce n'est ni Paris, ni Rome, ni Londres. Il n'y a probablement pas de belles plages avec des filles. Haïti est le dernier endroit au monde que Ben veuille visiter.

« Haïti ! leur dit Ben d'une petite voix.

– Oh non, Ben ! On dirait que tu n'es pas content, lui dit Madame Sullivan. Mais, tu ne sais pas tout. Il y a aussi autre chose. »

Ce n'est pas tout ? Peut-être vont-ils lui donner une voiture neuve quand il retournera d'Haïti.

« Ben ! lui dit Madame Sullivan. Cette année, ton cadeau est très spécial. C'est bien mieux qu'un jeu vidéo, un ordinateur ou une voiture neuve.

– Quoi ? dit Ben. Il n'y a rien de mieux qu'une voiture neuve.

– Cette année ton cadeau est une expérience. Une expérience de vie, lui dit le père.

– Une expérience de vie ! » dit Ben. Ben se sent un peu mal.

« Oui. Une expérience de vie. Tu vas en Haïti pour aider les pauvres. Tu vas construire des maisons cet été, lui dit Monsieur Sullivan.

– Et pourquoi je vais faire ça ? Ils n'ont pas de maison ? » leur demande Ben.

Ben essaie de se rappeler où se trouve Haïti. Il pense qu'Haïti se situe quelque part dans la mer des Caraïbes, mais il n'en est pas sûr. Mais il sait que ce n'est pas un endroit pour s'amuser.

« Il y a quelques mois, il y a eu un cyclone qui s'appelait Georges. Tu t'en souviens ? Quand il est passé sur Haïti, c'était une catastrophe. Des milliers de personnes ont perdu leur maison. C'est une situation horrible, lui dit le père.

— Tu vas avoir l'opportunité d'aider les gens qui n'ont pas de maison. Tu vas passer l'été en Haïti à construire des maisons, lui dit la mère. C'est merveilleux, n'est-ce pas ?

— Maman, papa. Je ne veux pas y aller. Je ne veux aider personne. Je ne veux pas aller dans un autre pays pour y travailler. Je veux jouer au basket-ball pendant l'été. Je veux passer du temps avec Mindy. Je ne veux pas aller à Haïti.

— Ben, que se passe-t-il ? lui demande Madame Sullivan.

— Maman. C'est ridicule. Je ne veux pas faire ça. Je veux jouer sur mon ordinateur pendant l'été.

— Mais Ben, ce cadeau est pour ton anniversaire, lui dit son père.

– Je veux une voiture pour mon anniversaire. Je veux une voiture comme les voitures
de mes amis. Je veux être normal comme les
autres élèves au lycée qui ont des voitures
neuves, leur dit Ben.

– Nous savons que tu veux une voiture.
Mais nous voulons te donner quelque chose de
mieux, lui dit la mère.

– Ah oui ! Une expérience de vie ! Génial !
leur dit Ben.

– En fait, il y a aussi une voiture dans le
plan. Cela fait partie du cadeau. Si tu vas en
Haïti et que tu y passes tout l'été, tu auras
une nouvelle voiture à la fin de l'été.

– C'est vrai ? leur demande Ben.

– Oui. C'est vrai. Après l'été, tu auras une
Ford Mustang ou une Chevy Cavalier. Mais à
condition que tu passes tout l'été là-bas. Les
gens ont besoin de ton aide là-bas.

– Vous voulez seulement être seuls, cet été,
leur dit Ben.

– Ce n'est pas ça. Tu vas avoir l'expérience
de ta vie, lui répond le père.

– D'accord. Je vais en Haïti. Quand je reviens, je vais avoir ma propre voiture. Ça me
va », leur dit Ben.

Ben regarde le billet d'avion. Il n'en croit pas ses yeux. Son cadeau est un voyage en Haïti pour travailler. Ce n'est pas un cadeau mais plutôt une punition. Il n'y comprend rien. Il est bon garçon. Il n'a pas besoin d'expérience de vie. Il a besoin d'une voiture. Il n'a pas besoin d'aider les gens. Il a déjà des amis. Il peut aider ses amis. Pourquoi doit-il aller à Haïti ? Il est bon garçon. Il ne prend pas de drogues et ne boit pas d'alcool. Il ne fume pas. C'est un bon garçon. Mais, ça n'a pas d'importance. Il va avoir sa voiture.

« Joyeux anniversaire ! lui disent ses parents.

— Tu vas partir dans deux semaines, lui dit le père

— Merci ! leur dit Ben. Je crois que je vais avoir l'expérience de ma vie. Je rentre à la maison pour faire mes bagages. »

Chapitre deux

« Je n'arrive pas à le croire. Pourquoi vas-tu en Haïti ? Pourquoi tu ne dis pas à tes parents que tu n'y vas pas ? lui dit Mindy au téléphone.

– Parce que je veux une voiture, lui dit Ben. Si je reste en Haïti pendant tout l'été, ils vont me donner une voiture. J'ai besoin d'une voiture. C'est ma dernière année au lycée.

– C'est vrai, il te faut avoir une voiture », lui dit Mindy.

Mindy a déjà sa propre voiture. C'est une Volkswagen jaune. Ses parents lui ont donné une voiture pour ses 16 ans. « Je déteste conduire le break de ma mère. »

Mindy est sa petite amie et elle est très belle.

« Dans trois mois, je n'aurai plus besoin d'utiliser le break de ma mère, lui dit Ben. Je vais avoir ma propre voiture. Tu pourras venir avec moi dans ma voiture.

– Super ! lui dit Mindy. Je préfère être

avec toi si tu as ta propre voiture. »

Ben est un peu inquiet au sujet de Mindy. Ben va à Haïti et Mindy reste ici. Mindy est très belle et très populaire. Tous les garçons veulent être son petit ami.

« Mindy, dans trois mois je serai de retour, j'aurai ma propre voiture et tout ira mieux, dit Ben à Mindy.

— Nous en reparlerons après ton voyage en Haïti. Je vais être très occupé pendant l'été, lui dit Mindy. Je vais faire un voyage en Europe. Je vais à Paris pendant un mois. Je vais aussi sur la côte, au sud de la Californie avec mes parents. L'été va passer vite. Je dois aussi acheter beaucoup de choses pendant l'été. Je dois acheter des vêtements et des chaussures. J'ai déjà beaucoup de chaussures, mais je dois en acheter d'autres parce que c'est ma dernière année au secondaire. Je ne peux pas commencer ma dernière année sans chaussures neuves. »

Ben sait que Mindy est très belle. Elle est toujours très belle dans ses vêtements élégants et ses chaussures neuves.

« Tu es fantastique, Mindy, lui dit Ben.

— Merci, Ben, lui dit Mindy. Tu n'as pas be-

ဢ ၸ ဢ ၸ

soin de me le dire. Je le sais déjà. »

Chapitre trois

Ben va à Haïti et il a besoin d'en savoir plus sur ce pays. Il va à l'endroit où logiquement on peut trouver le plus d'informations. Il va à son ordinateur.

Haïti ne lui semble pas très intéressant. Il y va seulement parce qu'il a besoin d'une voiture. C'est un petit pays d'une superficie de vingt-sept mille sept cent cinquante kilomètres carrés. Port-au-Prince est la plus grande ville du pays. C'est aussi la capitale. Haïti est un pays très pauvre. C'est le pays le plus pauvre de tout l'hémisphère ouest. Pendant l'été, il y fait très chaud et il n'y a pas beaucoup d'attractions touristiques. Il n'y a pas de Disneyland.

Ben lit beaucoup sur Haïti. Il découvre qu'Haïti est situé dans les Caraïbes entre Cuba, Porto Rico et la Jamaïque, sur une île appelée Hispaniola. L'île est formée de deux nations indépendantes : la République d'Haïti et la République Dominicaine. Haïti se trouve à l'ouest de l'île. C'était la plus riche colonie française des Caraïbes. C'est à cause de cela qu'on y parle encore le français. Vers la fin du dix-huitième siècle, en mille huit cent quatre, Haïti est devenu la première République noire à déclarer son indépendance après une longue révolte des esclaves menée par Toussaint L'Ouverture.

Haïti semble être un beau pays avec de belles montagnes et de superbes plages. Mais tout cela lui est égal. Ce qui lui importe, c'est Mindy. Les belles montagnes sont importantes pour sa mère. Les belles plages sont importantes pour son père. Mais, c'est Mindy qui est importante pour Ben. La télé, les jeux vidéo et son ordinateur tiennent également une place importante dans sa vie.

Une chose est certaine. Les habitants d'Haïti ont besoin de l'aide de Ben. Ils ont besoin de beaucoup d'aide. Il y a quelques mois, il y a eu un cyclone de grande force en Haïti. Puis, il y a eu des inondations très importantes. Beaucoup de personnes sont mortes. Dans un village, toutes les maisons sont tombées. Les maisons sont tombées parce qu'elles étaient construites en tôles*. Dans d'autres villages, la plupart des maisons sont détruites. Plus de dix-huit mille personnes ont perdu leur maison. C'est sûr que les gens d'Haïti ont besoin de l'aide de Ben. Ils ont besoin de toute l'aide qu'ils peuvent avoir.

Malgré cela, Ben ne veut toujours pas y aller. Il n'a pas envie d'aller à Haïti. Il veut passer l'été dans sa maison avec ses amis. Il veut jouer au golf et au tennis. Il veut nager et s'amuser. Ben y va parce qu'il veut avoir sa propre voiture. C'est un sacrifice, mais Ben y va quand même. S'il n'y va pas, il devra utiliser le break de sa mère une année de plus. Et ça ne lui plaît pas.

Deux semaines plus tard, Ben embarque dans un avion et se rend à Haïti. Avant l'atterissage, l'avion survole une partie de la capitale Port-au-Prince. De la fenêtre de l'avion Ben peut apercevoir les nombreux quartiers pauvres de la ville avec leurs maisons en tôles rouillées. Il voit aussi toutes les routes en terre qui ne sont pas recouvertes comme celles des Etats-Unis. Ben a le cœur qui bat. Il se

*metal sheets

ဆ ၡ ဆ ၡ

demande ce qu'il est venu faire ici.

Quand il sort de l'avion, il y a un homme qui s'approche de Ben. L'homme a des yeux verts et des cheveux bruns. « Salut ! dit l'homme à Ben. Tu es bien Ben Sullivan, n'est-ce pas ?

— Oui. C'est bien moi. Je m'appelle Ben, lui répond Ben.

— Bienvenu dans notre pays magnifique. Je m'appelle Jean Sainscilly.

— Help International est une agence qui construit des maisons pour les Haïtiens. Nous sommes ravis de t'avoir parmi nous. Il y a beaucoup de travail à faire ici, dans ce pays. »

Ben est fatigué par le voyage. Il est fatigué parce qu'il y a eu de nombreuses fêtes pour lui en Californie. Beaucoup de nourriture, beaucoup de boissons et de musique. Il y a eu beaucoup d'au revoir.

« Tu vas rester avec la famille Florian pendant ton séjour en Haïti. »

Ben essaie de comprendre ce que dit Monsieur Sainscilly. L'homme parle vite et c'est difficile de tout comprendre. Ben a étudié le français pendant cinq ans au lycée, mais son professeur parlait bien plus lentement que

Monsieur Sainscilly.

« La famille Florian est une famille très unie. Ils ne vivent pas très loin de Cap-Haï-tien, lui dit Monsieur Sainscilly.

– Cap-Haïtien ? lui demande Ben. Où se trouve Cap-Haïtien ?

– C'est à trois heures de Port-au-Prince, lui dit Monsieur Sainscilly. Le cyclone a détruit une grande partie de la ville.

– Que voulez-vous dire ? lui demande Ben.

– Le cyclone et les inondations ont détruit de nombreuses maisons », lui dit Monsieur Sainscilly.

Monsieur Sainscilly paraît très triste quand il parle.

« Le cyclone a détruit beaucoup de mai-sons. Il a détruit des villages entiers. Puis les inondations ont détruit toutes les plantations. Beaucoup de personnes sont mortes. C'est si triste. »

Monsieur Sainscilly fait le signe de croix quand il parle des personnes mortes.

« Des milliers de personnes ont perdu leur maison. Beaucoup d'entre eux avaient besoin d'attention médicale. C'était terrible, lui ex-plique Monsieur Sainscilly.

— En effet, c'est horrible, lui dit Ben.

— Cela nous prendra de nombreuses années pour reconstruire les maisons détruites. Il n'y a pas assez de personnes pour aider à la construction. Les gens vivent dans des magasins et des églises. Ils font du camping jour et nuit. Nous sommes donc très contents d'avoir des jeunes ici pour nous aider », lui dit Monsieur Sainscilly.

Ben ne pense pas comme Monsieur Sainscilly. Ben ne veut pas être en Haïti. Il est fatigué. Il a faim. Il a chaud. Il se trouve très loin de la Californie. Il veut retourner chez lui et jouer à des jeux vidéo sur son ordinateur. Il veut dormir.

Monsieur Sainscilly et Ben prennent les valises. Ils sortent de l'aéroport. Monsieur Sainscilly commence à marcher. Ben pense qu'ils vont à la voiture. Mais non. Monsieur Sainscilly marche vers un autobus et il y monte avec la valise de Ben. Ben monte aussi dans l'autobus. C'est un vieil autobus semblable aux bus jaunes qui transportent les enfants à l'école en Californie.

L'autobus est très vieux. En Haïti, on les appelle des « tap-tap » . Il est peint avec des couleurs très vives : rouge, vert, jaune et bleu. L'autobus paraît bizarre. Ben ne sait pas vraiment s'ils vont arriver à Cap-Haïtien. L'autobus paraît très vieux. Il porte un nom peint en grandes lettres noires. Il s'appelle Espérance. Ben ne veut pas aller dans l'autobus, mais il n'a pas le choix. Il ne peut pas y aller à pied.

Il y a beaucoup de personnes dans l'autobus. Un jeune homme accepte l'argent du paiement pour le voyage à Cap-Haïtien. Dans l'autobus, il y a une femme qui vend des fruits. Elle regarde Ben et lui demande :

« Tu es américain ?

— Oui, lui dit Ben

— Tu as de beaux cheveux blonds, lui dit la dame. J'aime tes cheveux blonds et tes yeux bleus. Tu as de beaux yeux. »

La femme est sympathique mais un peu étrange. Elle porte une vieille jupe rouge avec une chemise violette. Elle a l'air vieille et fatiguée.

« Merci » dit Ben à la femme. Il n'est pas très à l'aise. Il est le seul dans l'autobus avec des cheveux blonds et des yeux bleus.

« Une banane ? lui demande la femme. Ce n'est pas cher. »

Les bananes ont l'air très bonnes. Et Ben a vraiment faim. « Oui, je veux bien, s'il vous plaît. »

Il donne de l'argent à la femme. Ben a des gourdes et des dollars. Il ne sait pas ce que veut la femme. Il lui demande :

« Est-ce que vous voulez des dollars ou des gourdes ?

— Ici en Haïti, nous n'acceptons que les gourdes. C'est la monnaie officielle. On donne les prix en dollar haïtien, mais il n'y a pas de billet de dollar haïtien. On parle de dollar haïtien parce qu'Haïti a été occupé par l'armée américaine pendant dix-neuf ans. Mais, on paie avec la gourde. Un dollar haïtien vaut cinq gourdes. Et un dollar américain vaut à peu près dix-sept gourdes », lui explique la femme.

Ben lui donne une pièce de vingt-cinq gourdes et il reçoit une pâte de bananes en échange. Il est très surpris de la quantité de bananes qu'on lui donne pour si peu d'argent. En Haïti, les fruits et les légumes ne coûtent pas très cher parce que c'est un pays très pauvre. Le salaire moyen d'un Haïtien est de moins de soixante dollars par mois.

Ben mange une des bananes. Elle a bon goût et elle est très sucrée, mais ce n'est pas comme la nourriture de Californie. L'autobus passe devant un McDonald's et Ben a encore plus envie de nourriture américaine. Il sait qu'il y a des McDonald's à Port-au-Prince mais il n'y en a pas à Cap-Haïtien.

Ben se sent triste d'être dans un pays où tout lui semble différent. Sa maison, sa famille et tout ce qui concerne la Californie lui manquent. Son ordinateur lui manque. Sa piscine lui manque. Ses amis lui manquent. Mindy lui manque. Même le lycée lui manque.

L'autobus quitte Port-au-Prince, la capitale et traverse la campagne en dehors de la ville.

« Tout cela est fascinant, n'est-ce pas ? lui dit Monsieur Sainscilly. Je suis si content d'être ici en Haïti. »

Ben pense : « Il est content ! Comment peut-il être content ? Je n'aime rien ici. Il n'y a rien qui me plaise. » Ben a envie de crier, mais au lieu de crier il dit à Monsieur Sainscilly : « Oui, je suis ravi d'être ici. »

Monsieur Sainscilly sourit. « Haïti ce n'est pas les Etats-Unis, dit-il. Mais ne t'en fais pas. C'est un pays merveilleux. »

Ben ne dit rien. Il pense que Monsieur Sainscilly est un peu cinglé.

Pendant le voyage à Cap-Haïtien, Ben observe beaucoup de choses. Il voit que les routes d'Haïti sont en très mauvais état. En Haïti, il y a très peu de routes asphaltées. La plupart des routes sont en terre battue. Il y a des hommes, des enfants et des femmes qui marchent le long de la route. Les femmes portent sur la tête de grands paniers de fruits et légumes. Ben voit que la plupart des gens vendent quelque chose. Ils vendent de la nourriture, des fruits, des vêtements, des objets d'art et toutes espèces de choses.

Il note qu'il fait très chaud en Haïti. La ville de Port-au-Prince est située près de la côte. Quand on est dans les montagnes, il ne fait pas aussi chaud, mais sur la côte, il fait chaud pendant toute l'année.

Pendant le voyage en autobus, Ben voit beaucoup de végétation. Tout paraît vert. Il y a beaucoup de plantations de café, de bananes et de canne à sucre. Il est surpris de voir un bananier. Il ne sait si c'est un arbre ou simplement une plante. Ben remarque que les bananes poussent vers le haut quand elles se forment dans la plante. La plante produit une très belle fleur de couleur violette.

Il aperçoit également la fameuse citadelle Laferrière, une véritable forteresse construite par le roi Henri Christophe après l'indépendance. Elle est perchée sur le haut du mont Bonnet à l'Evêque à 900 mètres d'altitude et domine toute la Plaine du Nord. Beaucoup d'hommes sont morts lors de sa construction. Quand il fait beau, on peut apercevoir l'île de Cuba.

Bien que le voyage soit intéressant, il préfère toujours le pays de McDonald's et de Pizza Hut même s'il y a aussi des McDonald's en Haïti.

Chapitre quatre

Le trajet à Cap-Haïtien dure presque sept heures. Ben est très content d'être arrivé à Cap-Haïtien. Il ne veut plus voyager. Cap-Haïtien est une des plus vieilles villes du pays. Elle a été fondée par les français qui l'appelaient Cap Français. C'était en fait la capitale de la colonie de Saint Domingue. Aujourd'hui, c'est la deuxième plus grande ville du pays. Cap-Haïtien est aussi très connu pour le rôle qu'elle a joué dans l'indépendance.

Dans le centre de la ville, il y a beaucoup de monde. Il y a de nombreuses évidences de la destruction causée par le cyclone et les inondations. Au bon milieu de la place se trouve un bateau de pêche abandonné. De l'autre côté de la place, il y a un grand bâtiment blanc. On dirait une école, mais maintenant c'est un bâtiment vide que personne ne peut utiliser. Il n'y a plus ni toit ni fenêtres. Un peu plus loin, un grand carré en ciment recouvert de carrelage et ses quelques marches sont tout ce qui reste d'une ancienne maison créole. Pendant que Ben observe tout cela, un homme et une femme s'approchent de Monsieur Sainscilly.

« Bonsoir, dit l'homme. Je m'appelle Monsieur Florian.

— Bonsoir, lui répond Monsieur Sainscilly.

— Je suis ici pour amener Ben chez sa famille d'accueil, lui dit Monsieur Florian. Je suis le directeur local du programme. Je suis ici pour l'aider avec tout ce dont il peut avoir besoin pendant son séjour en Haïti. Et voici ma femme.

— Ben, je te présente Monsieur et Madame Florian, dit Monsieur Sainscilly.

— Enchanté, leur dit Ben.

— Tu vas vivre chez nous. Nous en sommes ravis, lui dit Madame Florian. Tu es le bienvenu chez nous.

— Nous avons beaucoup de choses à faire demain, lui dit Monsieur Florian. On y va ? »

Quand ils partent, ils regardent Monsieur Sainscilly et lui disent au revoir. Ils marchent vers une camionnette.

« Tu as faim ? lui demande Madame Florian.

ဆ ය ဆ ය

— Oui, j'ai très faim. Je veux bien manger, lui répond Ben.

— Alors, nous allons manger un « fritay », lui dit Madame Florian. C'est en quelque sorte notre hamburger local. »

Ben ne sait pas ce qu'est un « fritay ». Mais il pense qu'il va vouloir en manger parce qu'il a très faim.

Madame Florian prend la valise de Ben et la met dans la partie arrière de la camionnette. Puis ils marchent un peu et ils arrivent à un endroit dans la rue où il y a deux bancs et quatre casseroles sur une table. Madame Florian explique à Ben que l'on appelle ce genre de restaurant un « chien jambe », ce qui veut dire, un endroit que les chiens traversent. En quelques minutes, la serveuse donne à Ben un « fritay ». Ben n'a aucune idée de ce que c'est. Il pense que c'est de la nourriture Haïtienne.

« Mange ! C'est bon. Ce sont des bananes vertes frites, des patates douces, du fruit à pain et des marinades. Il y a aussi des « griots » qui sont des petits morceaux de porc frits », lui dit Madame Florian.

Ben mange parce qu'il a très faim et n'y a

pas d'autre nourriture. Il ne sait pas s'il l'aime mais il mange. Ben sait que ce n'est pas la nourriture de Taco Bell, mais il mange tout.

« Veux-tu un jus de papaye avec du lait ? lui dit Madame Florian.

– Oui. Pourquoi pas », lui répond Ben.

Le serveur donne à Ben un grand verre rempli d'un liquide orange pâle. Quand il le goûte, ça lui plaît beaucoup. C'est très sucré et il l'apprécie beaucoup. Ben sait qu'en Haïti, il y a beaucoup de papayes et de fruits tropicaux comme la goyave, l'ananas, le corossol et beaucoup d'autres.

Après avoir mangé, ils montent dans la camionnette. Pendant qu'ils vont à Plaisance, Ben regarde partout. Tout est nouveau pour lui. Il regarde les maisons et les gens dans la rue. On dirait qu'ils vendent tous quelque chose. Les maisons sont petites. Elles sont faites en bois, en ciment et souvent avec de simples feuilles de métal. La plupart ont des toits en métal. Ben se rend compte que les habitants d'Haïti ont besoin de son aide. Il ne veut toujours pas être en Haïti, mais il peut voir la nécessité de sa visite. Il se sent seul et triste.

Alors qu'ils s'approchent de Plaisance, Ben voit qu'il y a beaucoup de maisons endommagées par le cyclone.

Cap-Haïtien est une ville, mais les Florian ne vivent pas à Cap-Haïtien. Ils vivent dans un village. Le village s'appelle Plaisance. C'est à une demi-heure de Cap-Haïtien. À Plaisance, il n'y a pas de magasin. Il y a une école et une église. Il y a des maisons. Ben observe tout. Ben voit d'autres maisons très endommagées. Il voit des maisons sans toit. Il voit des maisons complètement détruites.

Ils continuent pendant une demi-heure et arrivent à une petite route en terre. Ils conduisent la camionnette pendant quelques minutes de plus sur cette route en terre et arrivent enfin à une maison.

« Nous avons beaucoup souffert à cause du cyclone et des inondations. Presque toutes les maisons ici ont disparu pendant le cyclone ou les inondations, lui dit le père de sa nouvelle famille.

– C'était horrible. Le vent a soufflé pendant toute la nuit. À l'extérieur, on entendait les arbres qui craquaient. Il n'y avait plus d'électricité, mais on n'a pas dormi parce que le vent était trop bruyant. Pendant « l'œil du cyclone », j'ai ouvert la porte de notre maison et j'ai vu les maisons de mes amis sans toit et quelques-unes complètement détruites. J'ai vu une feuille de métal plantée dans une voiture. Quand le cyclone s'est arrêté, nous avons tous commencé à chercher nos amis et voisins pour voir s'ils étaient vivants ou non. On aurait dit la fin du monde. Il n'y avait plus une seule feuille sur les quelques arbres qui étaient encore debout. Tout était gris et il pleuvait sans arrêt. Un véritable paysage lunaire. Partout, il y avait des branches cassées, des morceaux de bois, des fenêtres, et toutes sortes de choses. Mais nous étions vivants et nous avions nos familles. Nous étions contents », Madame Florian dit à Ben.

Ben entre dans la petite maison en bois. Elle est si petite. Dans la maison, il n'y a presque rien. Il y a un réfrigérateur et une cuisinière. Il y a trois chaises, mais il n'y a pas de sofa. Il y a une salle de bains et des chambres. Ce n'est pas comme les maisons en Californie.

« Bienvenu dans notre maison ! lui dit Monsieur Florian. Voici ta chambre. »

Ben entre dans la chambre et il n'en croit pas ses yeux. Il y a un lit avec une table de chevet. Il n'y a ni ordinateur ni télévision. Il n'y a pas de console Nintendo. Ben ne comprend pas comment les gens peuvent vivre sans console Nintendo.

« Nous avons beaucoup de chance que notre maison ne soit pas tombée, lui dit Madame Florian. La majorité des gens de ce village ont perdu leur maison pendant le cyclone Georges.

— C'est sûr que vous avez beaucoup de chance », lui dit Ben.

Mais Ben ne pense pas ce qu'il dit. Il pense qu'ils ont une vie terrible. Ils n'ont même pas les choses courantes de la vie comme une télévision ou un ordinateur.

Il y a une autre chambre. La porte de cette chambre est fermée. « Maryse ! dit Madame Florian. Viens faire la connaissance de Ben ! »

La porte s'ouvre et une fille sort de la chambre. Ben n'en croit pas ses yeux. C'est une superbe fille. Elle est encore plus belle que Mindy. C'est la plus belle fille qu'il ait jamais vue de sa vie.

« Maryse est notre fille, lui dit Monsieur

Florian.

– Enchanté ! » lui dit Ben.

Maryse rit. « Un autre Américain ici. Tu viens aider à reconstruire les maisons ?

– Oui », lui dit Ben.

Maryse a de longs cheveux frisés. Elle a de grands yeux marron. Elle ressemble à un modèle. Elle est si belle. Elle rit beaucoup.

« Bienvenu à notre village, lui dit Maryse. Nous sommes ravis d'avoir un autre Américain ici. »

Puis, une petite fille de huit ans sort de la chambre. Elle ressemble à Maryse, mais elle est plus jeune.

« Salut ! lui dit la petite fille. Je m'appelle Rose. J'ai huit ans, bienvenu chez nous.

– C'est ma petite sœur, dit Maryse à Ben. Tu as des frères dans ta famille ?

– Non je suis fils unique. Je n'ai ni frère ni sœur.

– Que c'est triste ! lui dit Maryse.

– Nous avons un frère, mais il ne vit pas avec nous. Il va à l'université. Il habite à Port-au-Prince. Tu vas dormir dans sa chambre, lui dit Rose.

– Très bien, leur dit Ben.

– Bon, il est très tard maintenant, leur dit Madame Florian. Nous avons beaucoup à faire demain. Il est grand temps de dormir. »

Il n'est pas si tard. Habituellement, Ben ne se couche pas avant minuit, mais aujourd'hui c'est une exception. Ce soir, il ne va pas voir Jay Leno à la télévision. Il ne va pas jouer sur son ordinateur, pas cette nuit. Il est très fatigué. Tout le monde va se coucher et lui aussi va se coucher. Il entre dans la chambre. Le lit n'est pas très confortable. Ben veut être en Californie. Il veut parler avec ses parents, avec Mindy. Mais ce soir il ne peut pas. Il se couche sur le lit inconfortable et s'endort en quelques secondes.

Chapitre cinq

Le lendemain arrive vite. Ben n'en croit pas ses oreilles quand Madame Florian frappe à la porte. Ben se réveille. « À table ! » lui dit Madame Florian.

Ben se lève et sort de son lit. Il a faim. Il a toujours faim. Il a envie d'un petit-déjeuner copieux. Il pense à un bon petit-déjeuner. Des œufs, du jambon et du pain grillé. Il aime prendre un bon petit-déjeuner. Il arrive à table. La famille est déjà assise. Avant de manger, la famille ne fait pas de prière pour bénir la nourriture. Ben sait que la majorité des habitants d'Haïti sont très religieux et il est surpris qu'il n'y ait pas de prière avant de manger.

Ben regarde la nourriture sur la table. Il n'en croit pas ses yeux. Il y a du pain, du beurre, de la confiture de goyave et du café. Il n'y a ni œuf, ni jambon, ni pain grillé.

« Aujourd'hui, nous allons beaucoup travailler. Nous allons commencer la construction d'une nouvelle maison. Nous allons travailler sur la nouvelle maison de la famille Guépois, dit Monsieur Florian à Ben.

– La pauvre famille est sans mère. Elle est morte lors des inondations », lui dit Madame Florian.

Maryse est très jolie aujourd'hui. Elle ressemble à Janet Jackson. Mais Maryse est encore plus jolie.

Toute la famille mange avec plaisir. Ben mange, mais ça ne lui plaît pas parce que pour lui il n'y a pas assez de nourriture. Après le petit-déjeuner, Monsieur Florian leur dit « Bon ! Au travail ! »

Ils se lèvent tous. Ils vont à la camionnette. Ils y montent. Maryse et Rose vont avec Monsieur Florian et Ben. Pendant le trajet, ils parlent. Maryse veut tout savoir de la vie aux Etats-Unis.

Maryse lui dit que l'été dernier, il y avait un autre étudiant des Etats-Unis. Il s'appelait Stacy. Il est seulement resté deux semaines avec eux. La vie en Haïti ne lui plaisait pas.

« Moi, je vais rester tout l'été », leur dit Ben en pensant à la nouvelle voiture qu'il aura après l'été.

Ben observe tout. Il y a une rivière. Il y a beaucoup de gens dans la rivière. Il y a des gens qui vont à la rivière pour chercher de l'eau. Parmi eux, il y a aussi des petites filles qui aident à porter l'eau. Il y en a d'autres qui lavent leurs vêtements dans la rivière. Un peu partout au bord de la rivière, il y a des vêtements de toutes les couleurs qui sèchent sur de gros rochers.

Maryse et Monsieur Florian parlent de la vie. Ils semblent tout connaître. De temps en temps, ils parlent une langue que Ben ne peut pas comprendre. Ils parlent créole. Le créole est formé de mots des langues africaines, européennes et asiatiques. Ben pense que c'est très amusant de les écouter. Après quelques minutes, ils s'arrêtent. Ils s'arrêtent en face d'une petite maison. Ou tout du moins ce qu'il en reste. En effet, une grande partie de la maison est complètement détruite. Les murs n'existent plus, il ne reste que le sol.

« Voilà la maison ! Maryse dit à Ben. Nous allons commencer le travail.

— Très bien ! » lui dit Ben.

Ben veut travailler avec les filles. Il veut être avec les filles pendant toute la journée. Il veut aussi parler avec elles. Il veut tout savoir sur leur vie ici en Haïti. La journée va passer vite s'il peut parler avec elles. Le temps va passer très vite en compagnie de Maryse et de Rose.

Chapitre six

Mais le temps ne passe pas vite. Même avec Maryse et Rose. Même avec Janet Jackson ce travail ne finirait pas vite. C'est impossible.

Le travail est terrible. C'est très difficile. Toute la journée, Ben prépare des blocs de ciment. Il doit tout faire à la main. Il n'y a pas de machines pour rendre le travail moins dur. Il sait déjà qu'il ne fera jamais de travail manuel. Il ira à l'université. Il fera des études. Il sera professeur, médecin ou ingénieur. Il travaillera dans n'importe quelle profession sauf la construction. Il ne veut jamais rien construire. À la fin de la journée, son dos lui fait mal. Sa tête lui fait mal. Il a mal partout. Ses mains sont très sales. Ses vêtements sont sales. Il est tout sale. Et il a faim. Pour le déjeuner, il a mangé du riz et des haricots. La seule chose qu'il veuille maintenant est d'aller chez les Florian et de manger un repas délicieux.

La seule chose qui plaise à Ben est de parler avec les filles. C'est très intéressant de parler avec les filles et d'apprendre de nouvelles choses. Il veut savoir ce qu'elles pensent.

Ben dit à Maryse :

« Une fille aussi belle que toi pourrait certainement être pompom-girl* en Californie.

— Pompom-girl ? lui répond-elle. Qu'est-ce que c'est une pompom-girl ?

— Beaucoup de belles filles aux Etats-Unis sont pompom-girls. Une pompom-girl doit aller à tous les matchs de football américain. Quand un joueur marque un essai, les pompom-girls crient avec beaucoup d'enthousiasme.

— C'est quoi marquer un essai ? lui demande Maryse.

— Ici on joue au football avec les pieds. Là-bas on joue au football plus avec les mains. Un garçon lance la balle à une autre personne et

*There is no equivalent of *cheerleader*, since it is not part of French culture. In France people would use *pompom-girl*, which comes from the French word *pompon*. In Quebec *meneuse de claques* and *meneuse de ban* are also used.

puis il court. Si le garçon court assez loin, il marque un essai. Ça vaut 6 points. C'est très différent du football qu'on joue ici », lui explique Ben.

— Est-ce que toutes les écoles ont des équipes de football ? lui demande Maryse.

— Oui. Une école secondaire est un lycée. Un lycée a une équipe de football. Ils font des matchs avec les autres écoles. Il est très important de bien jouer à cause des compétitions entre écoles, lui dit Ben.

— Je ne veux pas être pompom-girl, lui dit Maryse. Je veux être médecin. »

Cela surprend Ben. Il pense qu'une personne aussi pauvre ne peut pas devenir médecin.

« C'est très bien, Maryse ! lui dit Ben. Une femme médecin. C'est extraordinaire. Comment est ton école ?

— C'est loin d'ici, lui répond Maryse. Où nous vivons, il y a une école primaire. Mais il n'y a pas d'école secondaire. Mon école est à Cap-Haïtien. C'est une école catholique. C'est une école très difficile. Je travaille beaucoup à l'école. Je veux réussir. Je veux être médecin. Et toi ? »

Ben réfléchit. Il ne travaille pas beaucoup à l'école. Il a des notes moyennes. Elles ne sont pas exceptionnelles. Il a beaucoup de B et de C. Il n'aime pas étudier. Il n'aime pas les devoirs. Il ne peut pas dire à Maryse, futur médecin, qu'il ne travaille pas à l'école.

« Parfois je travaille beaucoup, lui dit Ben. Mais pas souvent. Je n'aime pas l'école.

— Allons manger à la maison ! leur crie Monsieur Florian.

— Enfin ! leur dit Ben. Je suis si fatigué.

— Fatigué ? lui dit Maryse. Comment est-ce possible ? La journée était courte aujourd'hui. Nous rentrons tôt à la maison.

— Je ne suis pas très, très fatigué, lui dit Ben. Je suis juste un peu fatigué. Je suis probablement fatigué par le voyage. »

Ben ne dit pas la vérité. Ben n'est pas juste un peu fatigué. Il est plus fatigué que jamais. Il est plus fatigué maintenant qu'il ne l'a jamais été dans toute sa vie. Il ne peut pas le croire.

Maryse sait que Ben est très fatigué et elle sourit. Maryse sait que Ben n'est pas habitué à travailler. À travailler réellement.

Ben retourne chez les Florian pour dîner.

Il s'assied à table. Ils mangent du fruit à pain et du poisson frit. Ben est très content parce qu'il mange du poisson. Il mange et mange. Le repas est très bon ce soir. Il a vraiment bon goût après une si longue journée de travail.

Chapitre sept

Le temps passe et Ben s'habitue à la vie en Haïti. La vie est dure. Très dure. Il ne savait pas qu'il y avait des gens qui ont une vie aussi dure. Il sait cependant que sa famille est la famille la plus riche du village. Il y a deux autres familles qui ont une voiture. La famille Florian a l'eau courante dans la maison. Ce n'est pas la norme dans le village. Tout le monde cultive quelque chose dans le petit village. Ils cultivent du maïs, des haricots, de la canne à sucre, des bananes, du café, du cacao, des ignames et des épices. Ils travaillent dur. Tous ont leur récit du cyclone Georges. Tous ont la vie dure.

Ils paraissent tous heureux. C'est très étrange. Ben ne sait pas pourquoi ils sont si heureux. Ils n'ont pas de biens matériels. Ils habitent de petites maisons. Ils n'ont pas de voiture. Ils travaillent dur toute la journée. Ce n'est pas une vie, pour Ben. Il ne comprend pas pourquoi ils semblent tous heureux.

Un jour Ben discute avec Maryse :
« Comment pouvez-vous vivre sans centre
commercial, sans ordinateur et sans télévision ? »

Maryse regarde Ben. « Toi, mon pauvre
garçon ! Pauvre Américain. Tu ne comprends
rien de la vie ici.

– Moi, je ne comprends rien ? lui demande
Ben. Pourquoi tu dis que je ne comprends
rien. Je crois que tu ne réalises pas comment
la vie peut être belle avec tout ce que nous
avons, nous autres. Nous, nous avons beaucoup de chance parce que nous avons tout. »

Maryse rit. Maintenant, Ben sait que Maryse se moque de lui.

« Tu crois que tu sais tout, Ben Sullivan.
Mais ce n'est pas si sûr. Tu ne sais pas tout.
Tu viens ici en Haïti pour travailler avec les
pauvres. Nous n'avons pas besoin de ton aide.
Nous sommes parfaitement bien sans ton
aide. Pourquoi tu ne retournes pas en Californie ? Retourne à tes grandes maisons, et tes
belles voitures. Retourne à tes ordinateurs et
tes télévisions. »

Ben est très surpris. Ben a beaucoup travaillé avec Maryse. Il a beaucoup travaillé

avec elle pendant tout l'été. Ils ont beaucoup parlé. Ben pense qu'ils sont amis. Ben pense que Maryse est son amie. Il pense que Maryse pourrait être sa petite amie. (Mindy ne lui a pas écrit une fois pendant tout l'été.)

Mais, maintenant, Ben ne sait plus. Ben ne sait pas qui est Maryse. Elle semble être une fille d'une autre planète. Pourquoi est-elle comme ça ? Ben ne comprend pas cette fille. Il ne comprend ni la fille, ni la culture, il ne comprend rien. Il n'est plus sûr de rien. La seule chose qu'il sache est que Maryse n'aime pas sa façon de penser. Les deux vivent dans des mondes si différents. Si différents.

« Oui, je vais retourner en Californie, dit Ben à Maryse. Je ne comprends pas la vie ici. Tout est si différent. Je vais retourner à la civilisation. Je vais retourner où tout est civilisé. »

Maintenant Maryse est fâchée. Elle crie : « Civilisé ? Qu'est-ce que tu racontes ? Tu crois que vous êtes les seuls civilisés au monde. Vous, les Américains ? Ben, tu ne connais pas grand-chose. Nous sommes bien plus civilisés que tu ne le penses. Nous savons ce qui est important dans la vie. Nous n'avons besoin ni d'ordinateur ni de télévision. Nous n'avons pas besoin de grandes maisons. Ben, nous sommes riches sans toutes ces choses. Mais tu ne pourras jamais comprendre cela.

— Vous ignorez ce que peut être la vie avec toutes les choses que nous avons. Vous ne savez pas comment la vie peut être belle. Je veux retourner en Californie où j'ai la vie belle. Rien ne me plaît ici ! lui crie Ben.

— Eh bien, va-t-en ! Pars d'ici ! lui crie Maryse. Nous n'avons pas besoin de toi. Nous pouvons construire nos maisons de nos propres mains. Nous n'avons pas besoin de riches américains ici en Haïti. »

Ben sort. Ben est fatigué de tout cela. Il en a marre. Plus rien. Il ne veut plus rien savoir de la vie en Haïti. L'expérience est finie. Il veut seulement retourner en Californie. Il sort de la maison et il marche. Il se promène en réfléchissant.

Ben va à la rivière. Il s'assied. Il se lave les mains dans l'eau. Plus rien ne lui plaît ici. Il n'aime pas le travail. Il n'aime pas la chaleur. Il n'aime pas construire des maisons. Il n'aime pas parler français. Et maintenant, il n'aime pas Maryse.

C'est le 25 Juillet. Il lui reste seulement deux semaines pour terminer l'été. Demain est un jour de fête. Tout le monde parle de la fête. Ils disent que c'est une célébration importante en Haïti. C'est un jour en l'honneur de Saint Jacques. Ben ne travaille pas demain. Personne ne travaille pendant le jour de fête. Peut-être qu'il va rester là, près de la rivière. Il va rester seul pendant toute la journée. Peut-être qu'il va tout oublier. Il va pouvoir oublier les gens d'Haïti. Il va pouvoir penser et être seul. Il va pouvoir penser à sa famille et à sa maison.

Mais maintenant, Ben a faim. Il veut manger. C'est l'heure de dîner. Plus que jamais, Ben voudrait dîner au McDonald's, au Domino's ou au Wendy's. Mais il a si faim que manger à la maison lui paraît une bonne idée. Quand Ben retourne à la maison, il est très triste et fâché. Encore deux semaines. Encore deux semaines horribles dans la chaleur et la poussière et il va retourner dans son cher pays. Il va retourner à son ancienne vie.

Chapitre huit

Le lendemain Ben se réveille. Il se sent mieux. Il est bien reposé. Il regarde sa montre. Il est neuf heures du matin. Il est tard. Ben a beaucoup dormi. Habituellement, il se lève tôt pour aller travailler, mais aujourd'hui il ne doit pas travailler. C'est jour de fête.

Il se lève et il va à la salle à manger. Tous les membres de la famille sont déjà réveillés. Les filles sont dans la cuisine. Elles préparent un grand repas. Elles préparent des haricots et du riz. Mais aujourd'hui il y a quelque chose en plus. Il y a du « tomtom kalalou ». C'est un plat préparé avec du fruit à pain et servi avec une sauce à la viande et aux gombos. La cuisine sent très bon. Monsieur Florian est dehors. Il donne à manger aux poules.

Ben regarde Maryse. Il ne sait pas quoi lui dire. Il ne sait pas si elle est toujours fâchée. Il ne veut pas se disputer avec elle. Que peut-il lui dire après tout ce qui s'est passé hier ?

« Bonjour ! On dirait que tu as bien dormi, lui dit Madame Florian.

– Quel plaisir ! lui dit Rose. Aujourd'hui, c'est jour de fête. C'est la fête de Saint Jacques.

– Oui c'est un jour de fête très important ici, lui dit Madame Florian.

– C'est super ! » lui répond Ben.

Ben s'assied et mange du riz.

« Que faites-vous pendant la fête ? lui demande Ben.

– Beaucoup de gens viennent en pèlerinage dans cette région. Il y a une grande cérémonie dans le temple vaudou et ensuite, nous mangeons. C'est un jour fantastique, lui dit Madame Florian.

– Nous mangeons pendant toute la journée, lui dit Rose. Jusqu'à minuit. »

L'après-midi, Ben va au temple avec la famille dans leur voiture. Maryse est assise à côté de lui, mais elle ne dit pas grand-chose. Elle ne dit rien. Quand ils arrivent au sanctuaire que l'on appelle « Houmfo » ou « kay mystè » (maison de mystères), Ben voit que c'est une maison normale. À l'intérieur, il n'y a ni chaise ni banc pour s'asseoir. Les murs sont décorés de peintures « naïves » représentant des saints, divers personnages, des serpents, des bœufs et d'autres animaux. Sur une petite table qui sert d'autel, il y a quelques bijoux, des bouteilles de couleurs différentes et aussi des poupées. Au milieu du sanctuaire, il y a une colonne entièrement décorée de symboles. C'est le « poto mitan ». Au pied de la colonne se trouvent des offrandes de nourriture et sur le sol il y a d'autres dessins faits avec de la farine de maïs.

Ben regarde de tous les côtés. Tout est si différent pour lui. Il ne comprend pas très bien toutes ces images et ces symboles, mais il sait que le vaudou a une place très importante dans la vie des Haïtiens.

La cérémonie commence avec le son des tambours. Sur les côtés, il y a cinq hommes qui jouent sur des tambours faits avec des barils en bois. Les barils sont couchés sur le côté et les hommes sont assis à cheval sur les barils. Penchés en avant, ils battent leur tambour de leurs mains. Une femme, « la Mambo », habillée tout de blanc avec un foulard rouge sur les épaules chante sur la musique des tambours. D'autres femmes, habillées tout de blanc aussi, lancent de l'eau sur le « poto mitan » et commencent aussi à chanter. Puis, elles placent différents objets sacrés : des figurines, de l'encens, des bougies aux quatre coins ; au nord, à l'est, au sud et à l'ouest. Tout le monde chante et danse sur le rythme des tambours.

Ben est fasciné par les chants et le son des tambours. De temps en temps, il lui faut changer de place pour voir tout ce qui se passe. Il se met sur la pointe des pieds. Ben regarde un homme qui porte une chemise blanche ouverte et un foulard rouge. L'homme prend un poulet et lui offre la nourriture placée au pied du « poto mitan ». Puis, il lave l'oiseau et le couvre d'une huile parfumée qu'il sort d'un bol en forme de conque.

Tout d'un coup, d'un seul coup de machette, l'homme sacrifie le poulet. Avec le sang, il dessine une croix sur le front de quelques initiés. Ensuite, il présente l'animal en offrande à l'assemblée. Ben n'en croit pas ses yeux. Maintenant, son visage est tout pâle. Ses jambes tremblent et son cœur bat très vite. Il pense qu'il va s'évanouir.

À ce moment-là, un jeune homme dans

l'assemblée entre en transe. Ses yeux sont grand ouverts et il transpire beaucoup. Il semble être dans un autre monde. Une des femmes habillée en blanc s'approche pour aider le garçon et commence à faire des prières. Il y a d'autres personnes qui entrent aussi en transe et le bruit des tambours double d'intensité.

Quand la cérémonie se termine, Ben ne sait plus quoi penser. Tout cela lui semble bien étrange et mystérieux. Il pense qu'il y a tant de choses qu'il ne sait pas encore et qu'il ne comprend pas.

Dans la voiture, quand ils retournent à Plaisance, Ben demande à Maryse : « On dirait qu'en Haïti les gens ont beaucoup de respect pour les prêtres vaudous, n'est-ce pas ? »

Maryse regarde Ben. Elle est surprise que Ben lui parle. « Oui, je crois que oui », lui dit-elle.

Maryse répond d'un ton froid. Ben et Maryse ne se parlent plus pendant tout le trajet. Après la cérémonie, ils vont tous sur la place. Il y a des tables sur la place et ils s'asseyent tous. Il y a beaucoup de nourriture sur les tables. Il y a des acras, du colombo, de la morue, des bananes frites, du « migan de fruit à pain. » Il y a des fruits frais, des goyaves, des mangues, des papayes et des ananas. Il y a des gâteaux au coco, du café des boissons gazeuses et des cocos verts. Et bien sûr, il y a des haricots et du riz.

Ben a une assiette pleine de nourriture. Il s'assied et mange avec les autres. Il parle avec ses amis. Il parle avec les Florian. Il parle avec d'autres amis. Il observe tout. Il se rend compte qu'il a beaucoup d'amis ici, en Haïti. Ce sont plus que des amis. Ils sont comme sa famille. Les gens ici sont très différents. Ben pense que les gens ici vivent avec plus d'amour ; ils sont plus chaleureux. Ben ne sait pas exactement ce que c'est, mais il sait qu'il y a quelque chose ici dans cette culture qui n'existe pas aux Etats-Unis.

Ben continue à observer. Les familles semblent plus unies. Aujourd'hui les familles sont ensemble. Ben a vécu trois mois avec ces personnes dans le petit village. Il pense au premier jour. Il pense à toute la pauvreté. Ils n'ont ni ordinateur ni grande maison, mais ils ont quelque chose que ses amis n'ont pas. Ben ne sait pas exactement ce que c'est. Il sait seulement qu'ils ont quelque chose de plus.

Ben comprend une chose. Maryse a raison. Ces personnes sont riches. Ils n'ont pas besoin de grandes maisons pour être heureux. Ils n'ont pas besoin d'ordinateurs pour être heureux. Ils sont heureux sans toutes ces choses. Ils sont vraiment satisfaits de ce qu'ils ont.

Ils ont la famille et les amis. Ils ont l'amour. Ils ont leurs églises, leurs temples, leurs mystères et ils ont de quoi manger. Ils ont tout ce dont ils ont besoin pour être heureux.

Bien sûr, il y a aussi de la misère et de la tristesse ici. Rien n'est parfait. Il y a aussi des maladies, des cyclones, des inondations. Il y a beaucoup de problèmes. Mais, ils ont une vie simple. Ils n'ont pas de vie compliquée. Ils vivent heureux et en harmonie.

Ben doit rejoindre Maryse. Il doit lui demander pardon. Il doit lui dire qu'elle a entièrement raison. En réalité, Ben a beaucoup d'affection pour les gens d'ici, en Haïti. C'est drôle, mais c'est vrai.

Ben rejoint Maryse. Elle est avec deux amies. Elles bavardent. Il s'assied à côté

ဢ ಅ ဢ ಅ

d'elle. Maryse ne regarde pas Ben. Elle continue à manger et à bavarder avec ses amies.

Ben attend quelques minutes. Finalement les deux amies se lèvent et vont chercher autre chose à manger. Maintenant Ben a sa chance.

« Maryse ! lui dit Ben. Pardonne-moi.

– De quoi ? lui répond Maryse.

– Pour toutes les choses que j'ai dites sur Haïti. Je n'ai pas raison en ce qui concerne ton pays. Je n'ai pas raison non plus en ce qui concerne mon pays. Tu as une très belle vie ici. Je réalise que vous avez tout ce qui est important, lui dit Ben.

– Pourquoi tu penses cela, Ben ? lui demande Maryse.

– Maintenant je comprends tout. Aujourd'hui pendant ce jour de fête, j'ai vu les gens d'ici, lui dit Ben. J'ai vu des familles unies. Des familles avec beaucoup d'amour et d'affection. Des enfants qui sourient. J'ai vu des gens heureux.

– C'est vrai, Ben. Nous sommes heureux, lui répond Maryse. Bien sûr, parfois je voudrais avoir plus. Je voudrais avoir des vêtements plus beaux ou plus chers. Je voudrais avoir toutes les choses.que vous avez. Mais nous avons l'essentiel.

– Je comprends cela, Maryse, lui dit Ben. Je me rends compte de la richesse que vous avez.

– Allons, Ben ! » lui dit Maryse.

Les deux se lèvent. Ils jouent. Ils dansent. Ils dansent très tard dans la nuit. À minuit il y a les feux d'artifice. Tout est magnifique. La vie est belle.

Chapitre neuf

Ben sort de l'avion. Il fait frais à San Francisco. Ben sort de l'avion avec une veste – sa chemise Haïtienne. Il cherche ses parents. Ben est très ému.

« Ben ! Nous sommes ici », crie la mère de Ben.

Sa mère court vers lui. Elle porte des vêtements Donna Karen. Elle sourit. Elle a l'air d'être très contente de voir son fils.

Le père de Ben est avec elle. Lui aussi a l'air très content de voir son fils après ces trois mois.

« Maman! Papa! » crie Ben.

Il court vers eux. Il est ravi de les voir. Il les embrasse très fort.

« Ben je te vois en bonne forme. Tu es très beau, lui dit la mère. À voir ces gros muscles, on dirait que tu as beaucoup travaillé. »

C'est vrai que Ben a de plus gros muscles.
« Oui, maman, construire des maisons c'est

bien mieux que faire des exercices en salle de sport.

— Tu es superbe ! » lui dit le père.

Monsieur et Madame Sullivan vont à la voiture avec Ben. Ben leur parle de tout. Il leur parle de la nourriture. Du cyclone Georges. Du travail dur. Des gens. Il leur parle du vaudou et de la vie d'un petit village d'Haïti.

« Je vois que tu es content d'être de retour. Trois mois c'est long, Ben. Cela me fait plaisir de te revoir », lui dit la mère.

Ben est content, mais il y a quelque chose de bizarre. Haïti lui manque. Les gens lui manquent. Maintenant, tout lui paraît différent ici. La ville est très grande. Tout semble rapide. Toutes les voitures sont neuves. Tous les gens portent des vêtements élégants.

Ben pense à l'autre monde. Le monde du petit village de Plaisance. Il pense à Maryse et à la famille Florian. La Californie lui paraît très différente maintenant.

Ils vont tous dîner. Ils mangent au restaurant Steak Palace. Ben mange beaucoup. La nourriture est délicieuse. Les haricots et le riz ne lui manquent pas.

Après le dîner, il veut aller chez Mindy. Il veut la voir et lui parler. Il veut lui raconter son été en Haïti. Ben ne comprend pas pourquoi Mindy ne lui a pas écrit, mais il veut lui parler quand même.

Il va chez Mindy. Il frappe à la porte. Mindy ouvre la porte. Elle regarde Ben et crie :

« Salut, Ben ! Comment ça va ? Tu es superbe. »

Les deux s'embrassent. Mindy est très belle. Elle a les cheveux blonds. Très blonds comparés aux cheveux de Maryse.

« Comment c'était à Paris ? Ben demande à Mindy.

— Paris est merveilleux. On peut acheter de tout. Les vêtements à Paris sont plus chics que ceux d'ici. J'adore faire les magasins. J'adore acheter des vêtements à Paris », lui dit Mindy.

Mindy continue à parler de Paris. Elle continue à parler de vêtements. Des vêtements haute couture. Des vêtements de Paris. Des vêtements qui coûtent une fortune, mais peu importe. Ce sont des vêtements fantastiques.

Ben veut parler d'Haïti. Il veut lui parler des familles. Il veut lui parler du petit village.

Lui raconter le jour de fête et la cérémonie vaudou. Il veut tout lui dire, mais Mindy ne lui demande rien sur son été.

« Ben ! lui dit Mindy. Où est ta voiture ? Ta nouvelle voiture ?

— Ma voiture ? lui dit Ben.

— Mais oui, Ben, lui dit Mindy. Tu te rappelles ce qu'est une voiture ? Nous autres en Californie, nous avons des voitures. Probablement, il n'y en a pas dans les Caraïbes. Tu ne te souviens pas. Tu es allé en Haïti pour avoir ta propre voiture. C'est la seule raison pour laquelle tu y es allé. »

Ben ne sait pas quoi dire à Mindy. Il ne peut pas lui expliquer. Il ne peut pas lui parler d'Haïti. Il en est sûr. Il ne peut pas parler de son été avec elle. Mindy ne pourra jamais comprendre. Mindy ne comprend que les chaussures et les vêtements, Paris, les voitures et les matchs de football. Elle ne pourrait pas comprendre la vie d'un petit village d'Haïti.

« Je n'ai pas encore de voiture », lui dit Ben.

À ce moment-là, un garçon arrive dans sa Mercedes et s'arrête en face de la maison de

Mindy. C'est Jason, Jason Smithsonian. C'est un garçon très populaire au lycée. Ses parents sont très riches. Il a déjà sa propre Mercedes.

Mindy sort de la maison. Elle dit à Ben : « Ben, téléphone-moi quand tu auras ta nouvelle voiture. Je veux la voir. »

Mindy part avec Jason. Ils forment un couple parfait. Les deux sont très beaux. Ils possèdent tout. Ils ont des vêtements de Paris et une Mercedes.

Maintenant Ben voit tout d'un œil différent. Mindy n'est pas aussi belle qu'avant. Ben ne veut plus sortir avec Mindy.

Ben rentre chez lui et il écrit. Il écrit une longue lettre à Maryse.

Chapitre dix

Le lendemain Ben dort très tard. Il est très fatigué par son voyage. Ça fait bizarre de dormir tant. Il se lève et mange des céréales. Il aime la nourriture d'ici.

Le père entre dans la salle à manger. C'est samedi et donc ses parents ne travaillent pas.

« Hé bien mon fils ! lui dit le père. Tu as eu tout le temps pour penser à ta voiture. Veux-tu une Chevy Cavalier ? Quelle marque de voiture veux-tu ? »

Ben n'en croit pas ses oreilles. Enfin, il peut avoir une voiture neuve. Il peut avoir une voiture qui coûte treize mille dollars. Finalement il peut avoir une voiture neuve.

« Je ne sais pas, papa. Je ne suis pas sûr, lui dit Ben.

— Tu ne veux pas de Chevy Cavalier ? Peu importe. Nous pouvons acheter une Toyota ou une Ford. Ça nous est égal, lui répond le père.

— Non. Non. Ce n'est pas ça, lui répond Ben.

— Alors, quel est le problème ? lui demande son père.

— Papa, je pense toujours aux habitants de Plaisance. La majorité d'entre eux n'ont pas de voiture. Ils n'ont ni nouvelle voiture ni vieille voiture. Et pourtant ils sont heureux.

— C'est vrai, mon fils, lui dit le père.

— Les gens à Plaisance ont besoin d'argent pour survivre. Il y a des familles qui n'ont même pas de maison. Ils souffrent à cause du cyclone. Papa, pourquoi tu ne donnes pas l'argent de la voiture aux habitants de Plaisance ? Ils ont bien plus besoin de maisons que moi de voiture. Je n'avais pas de voiture avant et je n'en ai pas besoin maintenant. »

Le père de Ben s'évanouit presque. Il n'en croit pas ses oreilles. « Tu es sûr Ben ?

— Oui papa. J'en suis sûr. Je ne veux pas de voiture, lui répond Ben.

— Je suis très fier de toi, mon fils, lui dit Madame Sullivan. C'est incroyable. C'est merveilleux.

— Papa, je me sens bien comme ça. Je me sens très bien, lui dit Ben. Je pourrai acheter une voiture plus tard mais dans l'immédiat, ils ont beaucoup plus de besoins que moi.

– Ben, tu es vraiment extraordinaire », lui dit le père.

Ben sourit. Il mange encore des céréales. Son père pense qu'il est extraordinaire. Quel plaisir ! Peut-être pourra-t-il avoir une voiture pour son prochain anniversaire. Ou peut-être retournera-t-il en Haïti.

VOCABULAIRE

Unless a subject of a verb in the vocabulary list is expressly mentioned, the subject is third-person singular. For example, **aperçoit** is given as only *sees*. In complete form this would be *she, he or it sees*.

a has
a 17 ans is 17 years old
  il y a there is, there are, ago
  il y a eu there was, there were
  y a-t-il is there, are there
à to, in, at, on, by
  à lui his
abandonné abandoned (adj.)
abord : d'abord first
accepte accepts
acceptons (we) accept
accord : d'accord in agreement, I agree, OK
accueil : famille d'accueil host family
accueille welcomes
(a) acheté bought
acheter to buy
acras Haitian fritters
adore loves
aéroport airport
africaines African
agence agency
ah ah, oh
ai (I) have
aide help (noun)
aident (they) help
aider to help
aime likes, loves
air : a l'air looks, appears
aise: à l'aise at ease, comfortable
ait has
  qu'il ait for him to have
alcool alcohol
(a) allé went
aller to go
allons (we) go, (we) are going, let's go

alors so
  alors que now that
amener to bring
américain American
ami friend
  petite amie girlfriend
  petit ami boyfriend
amour love (noun)
amusant amusing, funny
amuser to amuse
  s'amuser to have fun
ananas pineapple
ancienne old
animaux animals
année year
anniversaire birthday
ans years
apercevoir to see
aperçoit sees
appelaient (they) called
appelait called
  s'appelait was named
appelée named (adj.)
appelle calls
  m'appelle (I) am named
  s'appelle is named (calls himself, calls herself)
apprécie appreciates
apprendre to learn
approche : s'approche approaches
approchent : s'approchent they approach
après after
après-midi afternoon
arbre tree
argent money
armée army
arrêt pause

sans arrêt without stopping
arrête : s'arrête stops
(a) arrêté stopped
arrêtent : s'arrêtent (they) stop
arrière rear
arrive arrives
  je n'arrive pas à I can't manage
  to
(a) arrivé arrived
arrivent (they) arrive
arriver to arrive
artifice : feux d'artifice fireworks
as (you) have
asiatiques Asian
asphaltées paved
assemblée assembly, congregation
assez enough
assiette plate
assis seated
asseoir : s'asseoir to sit down (on)
asseyent : s'asseyent (they) sit
  down
assied : s'assied sits down
attend waits
attendre to wait
atterissage landing
avant before, forward
au (à + le) to the, at the, on the
aucune (not) any, no (adj.)
aujourd'hui today
aura will have
aurai (I) have, (I) will have
aurait would have
auras (you) will have
aussi also, as, so, such
autel altar
auto car
autobus bus
autre other
aux (à + les) to the, at the
avaient (they) had
avais (I) had
avait had
  il y avait there was, there were
avant before
avec with

avez (you) have
avion airplane
avions (we) had
avoir to have
avons (we) have
bagages baggage
  faire mes bagages to pack (my
  bags)
bain bath
balle ball
banane banana
bananier banana tree
banc bench
barils barrels
bat beats
bateau boat
bâtiment building
battent (they) beat
battue beaten
  terre battue clay
bavardent (they) chat
bavarder to chat
beau beautiful, attractive
  il fait beau the weather is nice
beaucoup a lot
beaux beautiful
belle beautiful, pretty
bénir to bless
besoin:a besoin de needs to
beurre butter
bien well, OK
  bien sûr of course
  bien que although
biens goods
bienvenu welcome
bifteck steak
bijoux jewels
billet ticket, bill
blanc, blanche white
bleu blue
blocs blocks
blonds blond
bœuf beef, cow
bois wood
boissons drinks
boit drinks (verb)

bol bowl
bon good
bonjour hello
bonnet hat
bonsoir good evening
bord edge, side
bougies candles
bouteilles bottles
break station wagon
bruit noise
bruns brown
bruyant noisy
bureau office
bus busses
c' abbreviation for *ce* before beginning *h* or vowel
ça that
cacao cocoa
cadeau gift
café coffee
Californie California
camionnette small truck
campagne countryside
canne cane
   canne à sucre sugarcane
cap cape
capitale capital
Caraïbes Carribbean
carré square
carrelage tiles
cassées broken
casseroles pans
catholique Catholic
cause : à cause de because
(a) causée caused
ce it, that, this, he, she
   ce que what, that
   ce qui what, that
cela, celle that
cent hundred
centre center
   centre commercial mall
cependant however, nevertheless
céréales cereal
cérémonie ceremony
cerise cherry

certain certain
certainement certainly
certains certain people
ces these, those
cet this, that
cette this, that
ceux those, the ones
chaise chair
chaleur heat
chaleureux warm
chambre room
chance luck, chance
changer to change
changerait would change
chante sings
chanter to sing
Chantilly : crème Chantilly whipped cream
chants songs
chaud hot
   a chaud is hot (weather)
chaussures shoes
chemise shirt
cher expensive, dear
cherche looks for, gets
chercher to look for, to get
cheval horse
   assis à cheval sur straddling
chevet bedside
cheveux hair
chez to or at the home of
   chez lui his home
chics chic, stylish
chien dog
chocolat chocolate
choix choice
chose thing
ciment cement
cinglé batty
cinquante fifty
citadelle citadel, fort
civilisé civilized
clef key
clients customers
coco coconut
cœur heart

coin corner
colombo curry
colonie colony
colonne column
commande orders, order
commandent (they) order
comme like, since
commence starts
(a) commencé started
commencent (they) start
commencer to start
comment how
commercial : centre commercial
  mall
compagnie company
comparés compared (adj.)
complètement completely
compliquée complicated
comprend understands
comprendre to understand
comprends (I) understand, (you)
  understand
compte : se rend compte realizes
concerne concerns
conduire to drive
conduisent (they) drive
confiture jelly, jam
confortable comfortable
connais (you) know
connaissance knowledge
  faire la connaissance to meet
connaissent (they) know
connaître to know
connu known
conque shell
construire to build
construit builds
construite, construites built (adj.)
content happy
continue continues
continuent (they) continue
copieux hearty
corossol soursop (tropical fruit)
côte coast
côté side
  à côté de next to

couche : se couche goes to bed
coucher : se coucher to go to bed
couchés lying (adj.)
couleur color
coup blow, hit
  tout d'un coup suddenly
courante common, running
court runs, short
coûte costs
coûtent (they) cost
couture sewing
  haute couture high fashion
couvre covers
(ont) craquaient (they) cracked
crème cream
  crème Chantilly whipped cream
crie shouts, yells
crient (they) shout, yell
crier to shout
croire to believe
crois (I) believe, (you) believe
croisière cruise
croit believes
croix cross (noun)
cuisine kitchen
cuisinière stove
cultive cultivates, grows
cultivent (they) cultivate, (they)
  grow
cyclone hurricane
d' abbreviation for *de* before beginning *h* or vowel
dame lady
dans on, in
danse dances
dansent (they) dance
de of, than, from, about, some, as
debout standing
déclarer to declare
décoré decorated (adj.)
découvre discovers
dehors outside
déjà already
déjeuner lunch
délicieuse, délicieux delicious
demain tomorrow

demande asks
demander to ask
demi-heure half hour
dernier last
des (de + les) of the, some, from the
dessine draws
dessins drawings
déteste hates, (I) hate
détruit destroyed
deux : tous deux both
deuxième second
devant in front of
devenir to become
(a) devenu became
devoirs homework
devra will have to
difficile difficult
dîner dinner, to eat dinner
dirait would say
dire to tell, to say
directeur director
dis (you) say
discute discusses
disent (they) say
disparu disappeared
disputer : se disputer to argue
dit says, tells
(a) dit said
(ai) dites (I) said
divers diverse, various
dix-huit eighteen
dix-huitième eighteenth
dix-neuf nineteen
dix-sept seventeen
dois (I) must
doit must
domine dominates
Dominicaine Dominican
donc therefore, so
donne gives
   donne à manger feeds
(a) donné gave
donnent (they) give
donner to give
donnes (you) give
dont that, of which

(a) dormi slept
dormir to sleep
dort sleeps
dos back
double doubles (verb)
douces sweet
drogues drugs
drôle funny
du (de + le) of the, some
dur hard
dure lasts
eau water
échange exchange
école school
écouter to listen
écrire to write
écrit written, writes
effet : en effet indeed
égal equal
   est égal doesn't matter
également equally, also
église church
électricité electricity
élèves students
elle she, it
elles they (feminine)
éloignée far away
embarque embarks, boards
embrasse hugs
embrassent : s'embrassent (they) hug
ému moved, emotional, excited
en in, to, of it, from it, about it
encens incense
enchanté pleased to meet you
encore still, yet, even
endommagées damaged
endort : s'endort falls asleep
endroit place
enfants children
enfin finally
énormément enormously
ensemble together
ensuite then, next
entendait heard
entendre to hear

enthousiasme enthusiasm
entièrement entirely
entiers entire
entre between, among, enters
entrent (they) enter
envie desire
   a envie de feels like
épaules shoulders
épices spices
équipe team
es (you) are
esclaves slaves
espèces types
espérance hope (noun)
essai : marque un essai scores a
   touchdown
essaie tries
essentiel essential
est is, east
est-ce is it
   est-ce que do, does, is, are (intro-
     duces a question)
et and
étaient (they) were
était was
état state, condition
Etats-Unis United States
été summer
   a été was, has been
êtes (you) are
étions (we) were
étrange strange
être to be
études studies
étudiant student
(a) étudié studied
étudier to study
eu had
   il y a eu there was, there were
européennes European
eux them
évanouir : s'évanouir to faint
évanouit : s'évanouit faints
évêque bishop
évidences evidence
exactement exactly

exceptionnelles exceptional
exercices exercises
existe exists
existent (they) exist
explique explains
expliquer to explain
extérieur outside
extraordinaire extraordinary
face : en face de across from
fâché angry
façon way
faim hunger
   a faim is hungry
faire to make, to do
fais (you) do
   ne t'en fais pas don't worry about
     it
fait makes, made
   ça fait it feels
   en fait in fact
   fait mal hurts
   il fait chaud it's hot
faites (you) do
fameuse famous
familiale family (adj.)
famille family
fantastique fantastic
farine flour
fascinant fascinating
fasciné fascinated
fatigué tired
faudra : il lui faudra he will have
   to
faut : il faut que it is necessary that
   il faut qu'il mange he must eat
   il te faut you need
femme woman, wife
fenêtre window
fera will do
fermée closed
fête party
   jour de fête holiday
feuille sheet, leaf
feux fires
   feux d'artifice fireworks
fier proud

fille girl, daughter
fils son, child
fin end
finalement finally
finie finished, over
finirait would finish
finit finishes
fleur flower
fois time
fondée founded
font (they) do
  font du camping (they) camp
football soccer
  football américain football
forme form, shape
formé formed (adj.)
forment (they) form
fort strong, hard
forteresse fortress
foulard scarf, shawl
frais fresh, cool
frappe knocks
frère brother
frisés curly
frit fried
fritay plate of assorted Haitian foods
froid cold
front forehead
fruit fruit
  fruit à pain breadfruit
fume smokes
futur future
garçon boy
gâteaux cakes
gazeuses carbonated
génial great
genre type
gens people
glace ice cream
gombos okra
gourde gourde (Haitian money)
goût taste, flavor
goûte tastes
goyave guava
grâce thanks
grand big

  il est grand temps it's about time
  grand ouvert wide open
grand-chose much
grillé grilled
  pain grillé toast
griots Haitian fried pork
gris gray
gros big, fat
grossir to gain weight
habillée dressed (adj.)
habitants residents, inhabitants
habite lives (in)
habitent (they) live in
habitue : s'habitue gets used to
habitué à used to, accustomed to
habituellement usually
haïtien Haitian
haricots beans
harmonie harmony
haut top
haute high
  haute couture high fashion
hé hey
heure hour, time
heureux happy
hier yesterday
homme man
honneur honor
honte shame
  a honte is embarrassed
horreur horror
huile oil
ici here
idéal ideal, perfect
idée idea
ignames yams
ignorez (you) don't know
il he, it
  il y a there is, there are, ago
  il y a eu there was, there were
  y a-t-il is there, are there
île island
ils they
immédiat immediately, right now
immobiliers real estate
important important, significant

importe matters, is important
   n'importe quelle whichever, any
inconfortable uncomfortable
incroyable incredible
indépendantes independent
informations information
ingénieur engineer
initiés members of a religious group
inondations floods
inquiet worried
intensité intensity
intéressant interesting
intérieur inside, interior
ira will go
j' abbreviation for *je* before beginning *h* or vowel
Jamaïque Jamaica
jamais ever, never
jambe leg
jambon ham
jaune yellow
je I
jeu game
jeune young, kid
jeux games
jolie pretty
joue plays
(a) joué played
jouent (they) play
jouer to play
joueur player
jour, journée day
joyeux happy
Juillet July
jupe skirt
jus juice
jusqu'à until
juste just
kay mystè house of mysteries (in Creole)
kilomètre kilometer
l' abbreviation for *le* or *la* before beginning *h* or vowel
la the, it
là there
là-bas there, over there

lait milk
lance throws
lancent (they) throw
langue language
laquelle which
lave washes
lavent (they) wash
le the, it
légumes vegetables
lendemain next day
lentement slowly
les the, them
lettre letter
leur their, to them
lève raises
   se lève gets up
lèvent : se lèvent they get up
lieu place
   au lieu de instead of
liquide liquid
lit reads, bed
logiquement logically
loin far
Londres London
long long
   le long de along
longtemps (for a) long time
lors at the time, during
lui him, to him
   à lui his
lunaire lunar
lycée high school
ma my
machette machete
Madame Mrs.
magasin store
   faire les magasins to shop
magnifique magnificent
main hand
maintenant now
mais but
maïs corn
maison house
majorité majority
mal bad, pain
   fait mal hurts

maladies diseases
malgré despite
maman mom
Mambo female voodoo priest
mange eats
(a) mangé ate
mangent (they) eat
mangeons (we) eat
manger to eat
  donne à manger feeds
mangues mangoes
manque : lui manque he misses her
  or it
manquent : lui manquent he misses them
manuel manual
marche walks
marchent (they) walk
marcher to walk
marches steps
marinades Haitian fried flat bread,
  sometimes containing herring, cod
  or cheese
marque brand, make (noun)
marque scores (verb)
marque un essai scores a touchdown
marquer to score
marre : a marre de is sick of
marron brown
matchs games, matches
matériels material
matin morning
mauvais bad
me me, to me
médecin doctor
médicale medical
meilleurs best
membres members
même even, same
  quand même anyway
menée led (adj.)
mer sea
merci thanks
mère mother
merveilleux marvellous

mes my
met puts
mètres meters
midi noon
mieux better
migan de fruit à pain Haitian
  breadfruit dish
milieu middle
  au bon milieu right in the middle
mille thousand
milliers thousands
minuit midnight
misère misery
mitan : poto mitan column in the
  middle of a voodoo temple
modèle model
moi me
moins less
  tout du moins at least
mois month
moment-là : à ce moment-là at that
  moment
mon my
monde world, people
  tout le monde everyone
monnaie money, currency
Monsieur Mr.
mont mount
montagnes mountains
monte gets on
montent (they) get in
montre watch, clock
moque : se moque de makes fun of
morceaux pieces
morte dead
morue cod
mots words
moyen average
murs walls
musique music
mystè : kay mystè house of mysteries (in Creole)
mystères mysteries
mystérieux mysterious
n' abbreviation for *ne* before *h* or
  beginning vowel

nager to swim
naïves simple style of painting
ne : ne ... pas not, doesn't
nécessité necessity
nerveux nervous
neuve new
ni neither, nor
noire black
nom name
nombreuses, nombreux numerous, many
non no
   ne ... non plus not ... either
nord north
norme norm
nos our
note notices (verb), grade
notre our
nourriture food
nous we, us
nouveau, nouvelle new
nuit night
objets objects
observe observes
observer to observe
occupé busy, occupied
œil eye
œuf egg
officielle official
offrande offering
offre offers
offrir to offer, to give
oiseau bird
on they, one, you, we (impersonal)
   on y va let's go
ont (they) have
opportunité opportunity
ordinateur computer
oreilles ears
ou or
où where
oublier to forget
ouest west, western
(a) ouvert opened
open open
   grand ouvert wide open

ouvre opens
paie pays
paiement payment
pain bread
   fruit à pain breadfruit
pâle pale
paniers baskets
papa dad
papaye papaya
papier paper
par by, per
paraissent (they) appear, (they) seem
paraît appears, seems
parce que because
pardon pardon, forgiveness
pardonne-moi forgive me
parfait perfect
parfaitement perfectly
parfois sometimes
parfumée perfumed
(a) parlait spoke
parle speaks, talks
   on y parle is spoken there
(a) parlé talked
parlent (they) talk
parler to talk
parmi among
pars (you) leave
part place (noun), leaves (verb)
   quelque part somewhere
partent (they) leave
partie part
partir to leave
partout everywhere
pas not
   ne ... pas not, doesn't
passe passes, goes by, happens
(a) passé passed, happened
passer to pass, to spend
passes (you) spend
patates potatoes
pâte bunch
pâtisseries pastries
pauvre poor
pauvreté poverty

pays country
paysage countryside
pêche fishing
peint painted
peintures paintings
pèlerinage pilgrimmage
penchés leaning
pendant during, while
pensant thinking
pense thinks
pensent (they) think
penser to think, thinking
penses (I or you) think
perchée perched (adj.)
(ont) perdu (they) lost
père father
personnages people, characters
personne person
  ne … personne no one
petit little
  petit ami boyfriend
petit-déjeuner breakfast
petite amie girlfriend
peu little
peut can
peut-être maybe
peuvent (they) can
peux (I) can
pièce coin
pied foot
piscine pool
place place, plaza
placée placed (adj.)
placent (they) place
plage beach
plaine plain
plaisait pleased
plaise pleases
plaisir pleasure
plaît pleases
  s'il vous plaît please
planète planet
plante plant
plantée planted, stuck
plat plate, dish
plein plenty, lots, full

pleuvait it rained
plupart majority, most
plus more, most
  le plus vite possible as fast as possible
  ne … plus not any more
  non plus neither
plutôt rather
pointe point
  sur la pointe de pieds on tiptoe
poisson fish
pommes apples
  pommes de terre potatoes
pompom-girl cheerleader
populaire popular
porc pork
porte wears, carries, door
portent (they) wear
porter to carry
Porto Rico Puerto Rico
possèdent own
poto mitan column in the middle of a voodoo temple
poules chickens
poulet chicken
poupées dolls
pour for
pourboire tip
pourquoi why
pourra will be able to
pourrai (I) will be able to
pourrait could (past)
pourras (you) will be able to
pourtant even so
poussent (they) grow
poussière dust
pouvez (you) can
pouvoir to be able to
pouvons (we) can
préféré favorite, preferred
préfère prefers, (I) prefer
premier first
prend takes, eats
prendra will take
prendre to take, to eat
prennent (they) take

prépare prepares
préparé prepared (adj.)
préparent (they) prepare
préparer to prepare
près close
   à peu près about
présente presents, (I) present
presque almost
prêt ready
prêtres priests
prière prayer
primaire primary, elementary
privée private
prix prices
probablement probably
problème problem
prochain next
produit produces
professeur teacher
programme program
promène takes a walk
propre own
puis then
puissante powerful
punition punishment
qu' abbreviation for *que* before
  beginning *h* or vowel
qu'est-ce what
   qu'est-ce que c'est what is
quand when
    quand même anyway
quantité quantity, amount
quartiers neighborhoods
que that, which, what, than
  ne ... que only
quel which
   quel plaisir what a pleasure
quelque some
quelques-unes some
qui who, which
   ce qui lui importe what matters to
   him
quitte leaves
quoi what
raconter to tell, to say
racontes (you) tell, (you) say

raison reason
   a raison is right
rapide fast
rappeler : se rappeler to remember
rappelles (you) remember
ravi thrilled (adj.)
réalise realizes, (I) realize
réalises (you) realize
réalité reality
récit tale
reçoit receives
reconstruire to rebuild
recouvert covered, paved
réellement really
réfléchissant reflecting
réfléchit reflects
réfrigérateur refrigerator
regarde looks (at), watches
regardent (they) look (at)
regarder to look (at), to watch
régime diet
   font un régime (they) are on a
   diet
région region, area
rejoindre to join
rejoint joins
religieux religious
remarque remark
remercie (I) thank
rempli filled
rend : se rend goes, surrenders
   se rend compte realizes
rendre to make
rends : me rends compte (I) realize
rentre goes back, (I) go back
rentrons (we) go back
reparlerons (we) will talk again
repas meal
répète repeats
répond responds
reposé rested
représentant representing
République Republic
ressemble looks like
reste stays, (I) stay, is left
(a) resté stayed

ಬಂ ಛಿ ಬಂ ಛಿ

rester to stay
retour return (noun)
  de retour back
retourne returns
retournent (they) return
retourner to return
retournera returns, will return
retournes (you) return
réussir to succeed
réveille : se réveille wakes up
réveillés awake
reviens (I) come back
revient comes back
revoir to see again
  au revoir goodbye
révolte revolt
riche rich
richesse riches, wealth
ridicule ridiculous
rien nothing
rit laughs
rivière river
riz rice
rochers rocks
roi king
rôle role
rouge red
rouillées rusty
route roads
rue street
rythme rhythm
s' abbreviation for *se* or *si* before
  beginning *h* or vowel
sa his, her, its
sache knows
sacrés sacred, holy
sacrifie sacrifices
sais (you) know, (I) know
sait knows
salaire salary
sale dirty
salle room
  salle à manger dining room
  salle de bains bathroom
  salle de sport gym
salut hi

samedi Saturday
sanctuaire sanctuary, shrine
sang blood
sans without
satisfaits satisfied
sauf except
savait knew
savez (you) know
savoir to know
savons (we) know
se himself, herself, itself, oneself,
  themselves
sèchent (they) dry
secondaire secondary, high school
secondes seconds
séjour stay
semaines weeks
semblable similar
semble seems
semblent (they) seem
sens : me sens (I) feel
sent smells
  se sent feels
sera will be
serai (I) will be
serait would be
sérieux serious
serpents snakes
sert serves
serveur server, waiter
serveuse server, waitress
servi served (adj.)
ses his, her, its, one's
seul only, alone
seulement only, just
si if, so, such
siècle century
signe sign
simplement simply
situe : se situe is located
situé located (adj.)
sœur sister
soir evening
soit is
soixante sixty
sol floor

sommes (we) are
son his, her, its, one's, sound
sont (they) are
sort takes out, leaves
sorte sort, kind
  en quelque sorte in a way
sortent (they) leave
sortir to leave, to go out
souffert suffered
(a) soufflé blew
souffrent (they) suffer
sourient (they) smile
sourire smile
sourit smiles
souvent often
souviens (you) remember
stupides stupid
sucre sugar
sucré sweet
sud south
suis am
sujet subject
super super, great
superbe superb
superficie area
sur on, over
sûr sure
  bien sûr of course
surprend surprises
surpris surprised
surtout especially
survivre to survive
survole flies over
symboles symbols
sympathique nice
t' abbreviation for *te* before *h* or
  beginning vowel
ta your
tambour drum
tant so many, so much
tard late
te you, to you
télé TV
téléphone telephone; call (command)
temps time
  de temps en temps from time to
    time
termine finishes
terminer to finish
terre earth, dirt, ground
  pommes de terre potatoes
tes your
tête head
tiennent (they) have
toi you
toit roof
tôles metal sheets
tombée fallen down (adj.)
tomtom kalalou Haitian dish of
  breadfruit with meat sauce and okra
ton your, tone
tôt early
toujours always, still
touristiques tourist
tous all, every
  tous deux both
tout all, very, everything
tout le ... the whole ..., all the ...
  tout le monde everyone
toute la ... the whole ..., all the ...
train : en train de in the process of
trajet trip
tranquille quiet, calm
transe trance
transpire sweats
transportent transport
travail work (noun)
travaille works, (I) work
(a) travaillé worked
travaillent (they) work
travailler to work, working
travaillera will work
traverse crosses
traversent (they) go through
treize thirteen
tremblent (they) tremble
très very
triste sad
tristesse sadness
trop too
tropicaux tropical
trouve finds

se **trouve** is located
trouvent : se trouvent are located
trouver to find
tu you
un, une a, an
unie close
unique unique, only
université university
utiliser to use
va goes, is going
  ça me va that works for me
  va-t-en ! : get lost!, go away!
vais (I) go, (I) am going
valise suitcase
vas (you) go, (you) are going
vaudou voodoo
vaut is worth
vécu: a vécu has lived
vélo bicycle
vend sells
vendent (they) sell
venir to come
vent wind
(a) venu came
véritable real, true
vérité truth
verre glass
vers toward, around
vert green
veste jacket
vêtements clothes
veuille wants
veulent (they) want
veut wants
  veut dire means
veux (you) want, (I) want
viande meat
vide empty
vie life
vieil old
viendrai (I) will come
viennent (they) come
viens (you) come
vient comes
  vient de just
vieux old

ville city
vingt-cinq twenty-five
vingt-sept twenty-seven
violette purple
visage face
visiter to visit
vit lives
vite fast
vivants alive
vivent (they) live
vives bright, vibrant
vivons (we) live
vivre to live
voici here is
voilà voila, here it is
voir to see
vois (I) see
voisins neighbors
voit sees
voiture car
voix voice
vont (they) go, (they) are going
voudrais (I) would like
voudrait would like
voulez (you) want
  voulez dire (you) mean
vouloir to want
voulons (we) want
vous you, you all
voyage trip
voyager to travel
vrai true
vraiment really
(a) vu saw, (has) seen
y there
  il y a there is, there are, ago
  il y a eu there was, there were
  on y parle is spoken there
  on y va let's go
  y a-t-il is there, are there
yeux eyes

Les auteurs

Lisa Ray Turner est une romancière lauréate américaine qui écrit en langue anglaise. Sœur de Blaine Ray, elle enseigne la composition et la musique. Elle habite au Colorado.

Blaine Ray est le créateur de la méthodologie dite « TPR Storytelling ». Il est également l'auteur de divers matériaux pédagogiques essentiels à l'enseignement du français, espagnol, allemand et anglais. Il enseigne cette méthodologie dans tout le monde. Tous ses articles sont disponibles à Blaine Ray Workshops (voir p. *i*).

The Authors

Lisa Ray Turner is a prize-winning American novelist who writes in English. She teaches writing and music and is the sister of Blaine Ray. She lives in Littleton, Colorado.

Blaine Ray is the creator of the language teaching method known as TPR Storytelling and author of numerous materials for teaching French, Spanish, German and English. He gives workshops on the method all over the world. All of his books, videos and materials are available from Blaine Ray Workshops (see page *i*).

L'Adaptatrice

Monique Gregory, qui a fait l'adaptation française de *Ma voiture, à moi*, est professeur au lycée de Montrose, dans le Colorado. Elle est née en Guadeloupe, dans les Antilles françaises, où elle a passé toute son enfance. Puis elle a vécu en France, où elle a fait des études en Psychologie dans l'Université de Haute Bretagne. Elle vit depuis quatorze ans aux Etats-Unis.

The Adapter

Monique Gregory, who adapted *Ma voiture, à moi* to French, teaches French at Montrose High School in Colorado. She was born in Guadeloupe in the French Antilles, where she spent her childhood, and then moved to France. She has a Masters in Psychology from the University of Haute Bretagne. She moved to Colorado 14 years ago after a period of extensive travel all over the world (Asia, Europe, Australia, North Africa).

L'Illustrateur

Pol est un pseudonyme pour **Pablo Ortega López**, un illustrateur distingué qui a fait une longue carrière dans le dessin et l'illustration et qui a reçu de nombreux prix. Il travaille actuellement dans les dessins animés. Pol a fait le dessin sur la couverture du livre *Ma voiture, à moi*. Pour information, consultez son website:

www.polanimation.com

The Illustrator

Pol is the pseudonym of **Pablo Ortega López**, a distinguished prize-winning Ecuadorian illustrator who has had a long career in drawing and illustration. He is currently working in animation. Pol created the drawing on the cover of *Ma voiture, à moi*. For information, see his website:

www.polanimation.com

LES HISTOIRES

Par ordre de difficulté, en commençant par les plus faciles, les histoires de Lisa Ray Turner et Blaine Ray (et de Verónica Moscoso et Patricia Verano) traduites en français sont:

Niveau 1
A. Pauvre Anne*†^° (de Blaine Ray seulement) 📀📹♪
B. Fama va en Californie*†° (de Blaine Ray seulement) 📀
C. Presque mort*†
D. Le Voyage de sa vie*†

Niveau 2
A. Ma voiture, à moi*†
B. Où est passé Martin ?*
C. Le Voyage perdu*
D. Vive le taureau !*

Niveau 3
Les Yeux de Carmen*° (de Verónica Moscoso)

* Les versions espagnoles dans le même ordre:
  Pobre Ana *†^° 📀📹♪
  Pobre Ana: Edición bilingüe[1]
  Patricia va a California *†° 📀📹♪
  Casi se muere *† 📀📹♪
  El viaje de su vida *† 📀📹♪
  Pobre Ana bailó tango (de Patricia Verano, Verónica Moscoso et Blaine Ray)[1]
  Mi propio auto *† 📀📹
  ¿Dónde está Eduardo? * 📀📹
  El viaje perdido * 📀📹
  ¡Viva el toro! * 📀📹♪
  Los ojos de Carmen (de Verónica Moscoso) *° 📀
  Vida o muerte en el Cusco[1]

† Les versions allemandes déjà publiées:
  Arme Anna 📹♪
  Petra reist nach Kalifornien
  Fast stirbt er
  Die Reise seines Lebens (Niveau 2)
  Mein eigenes Auto

^ La version russe déjà publiée:
  Бедная Аня

° Les versions anglaises déjà publiées:
  Poor Ana
  Patricia Goes to California
  The Eyes of Carmen (de Verónica Moscoso)

📀 Il existe version CD audio.

📹 Il existe version DVD film.

♪ Il existe CD de chansons de l'histoire.

....

[1] N'existe pas encore en français.

DISTRIBUTORS
of Command Performance Language Institute Products

Entry Publishing & Consulting
P.O. Box 20277
New York, NY 10025
(212) 662-9703
Toll Free (888) 601-9860
Fax: (212) 662-0549
lyngla@rcn.com

Midwest European Publications
8124 North Ridgeway Ave.
Skokie, IL 60076
(800) 277-4645
Fax (888) 266-5713
Fax (847) 676-1195
info@mep-eli.com
www.mep-eli.com

World of Reading, Ltd.
P.O. Box 13092
Atlanta, GA 30324-0092
(404) 233-4042
(800) 729-3703
Fax (404) 237-5511
polyglot@wor.com
www.wor.com

Applause Learning Resources
85 Fernwood Lane
Roslyn, NY 11576-1431
(800) APPLAUSE
Toll Free Fax (877) 365-7484
applauselearning@aol.com
www.applauselearning.com

Carlex
P.O. Box 81786
Rochester, MI 48308-1786
(800) 526-3768
Fax (248) 852-7142
www.carlexonline.com

Delta Systems, Inc.
1400 Miller Parkway
McHenry, IL 60050
(815) 36-DELTA
(800) 323-8270
Fax (800) 909-9901
custsvc@delta-systems.com
www.delta-systems.com

Berty Segal, Inc.
1749 E. Eucalyptus St.
Brea, CA 92821
(714) 529-5359
Fax (714) 529-3882
bertytprsource@earthlink.net
www.tprsource.com

Varsity Books
8950 Palmer Street
River Grove, IL 60171
(877) 827-2665
Fax (888) 839-8779
help@varsitybooks.com
www.varsitybooks.com

Adams Book Company
537 Sackett Street
Brooklyn, NY 11217
800-221-0909
Fax 800-329-2326
orders@adamsbook.com
www.adamsbook.com

Taalleermethoden.nl
De Acht Schepel 75
3853 EV Ermelo
THE NETHERLANDS
(31) 0341-551998
www.taalleermethoden.nl

Continental Book Co.
6425 Washington St. #7
Denver, CO 80229
(303) 289-1761
Fax (800) 279-1764
cbc@continentalbook.com
www.continentalbook.com

MBS Textbook Exchange
2711 West Ash
Columbia, MO 65203
(573) 445-2243
(800)325-0530
www.mbsbooks.com

Sosnowski Language Resources
13774 Drake Ct.
Pine, CO 80470
(303) 838-0921
(800) 437-7161
Fax (303) 816-0634
orders@SosnowskiBooks.com
www.sosnowskibooks.com

Follett Library Resources
1340 Ridgeview Drive
McHenry, IL 60050
(888) 511-5114
(815) 759-1700
Fax (800) 852-5458
Fax (815) 759.9831
customerservice@flr.follett.com
www.flr.follett.com

Tempo Bookstore
4905 Wisconsin Ave., N.W.
Washington, DC 20016
(202) 363-6683
Fax (202) 363-6686
Tempobookstore@yahoo.com

International Book Centre
2391 Auburn Rd.
Shelby Township, MI 48317
(810) 879-8436
Fax (810) 254-7230
ibcbooks@ibcbooks.com
www.ibcbooks.com

Follett Educational Services
1433 Internationale Parkway
Woodridge, IL 60517-4941
800-621-4272
630-972-5600
Fax 800-638-4424
Fax 630-972-5700
textbooks@fes.follett.com
www.fes.follett.com

Teacher's Discovery
2741 Paldan Dr.
Auburn Hills, MI 48326
(800) TEACHER
(248) 340-7210
Fax (248) 340-7212
www.teachersdiscovery.com